建築デザイン製図

松本正富 編著

政木哲也/半海宏一/鯵坂誠之 著

学芸出版社

まえがき

建築設計製図に関する解説書は多種多様に出版されているなかで、新たに本書を企画した動機は「創造的な空間デザインの図面表現」を主眼に置いた製図テキストを手掛けたいという想いにあります。

企画から実施設計、施工に至るまで、実務ではさまざまな段階の建築意匠に関わる図面があります。そのなかで本書が対象とするのは、設計者がデザインした空間をより効果的に建築主にプレゼンテーションするための「企画段階の図面」です。これは大学や専門学校で学ぶ学生からみれば、創造的能力を養成する設計演習の際に必ず要求される基本図面でもあります。

ここで解説する図面表現のテクニックやその題材は、初学者向けでありながらも十分に実務のレベルで通用するものであることを意識しました。そのうえで、デザインした空間をプレゼンテーションするための実践的ノウハウを効率的に学習できるよう工夫したものです。具体的な特徴は以下の通りです。

① 時代に即した現実的な設計として一般に通用する内容で、かつデザイン的にも魅力あるモデルプランを企画して製図の題材とする
② 建築の表現方法は多様であるが、使用する線種や開口表現を意図的に厳選することでより平易な理解に努める
③ 意匠設計において最も基本とされる 1/100 のスケールで、平・立・断面図の原寸表示での手順解説を行う
④ 製図におけるプレゼンテーションを重視し、影や点景の表現、ダイアグラム、図面レイアウト等についての詳しい解説を加える
⑤ アイソメやパース等の立体表現、模型のテクニックに至るまで、基本図面以外のプレゼンテーションについても網羅する
⑥ できあがった図面を、自分自身あるいは教員が客観的に評価するためのルーブリック評価シートを付属して、道理にかなった効率的学習を支援する

建築設計は、多くの複雑な要素を統合しながらデザインとしてまとめ上げる、創造的かつ魅力的な行為です。本書が、そんなものづくりの道を目指す方々の興味を引き付け、学習の手助けとなることを願う次第です。最後に、本書の企画段階から適切なご助言とご尽力をいただきました、学芸出版社の岩切江津子氏に心よりお礼申し上げます。

ルーブリック評価とは —— 製図課題を始める前に

図面を描く、といっても、建築設計製図には数学や物理のようにひとつの正解があるわけではない。どうすれば良い評価が得られるのかわからず、悩む学習者も多いだろう。こうした"課題の評価軸"が見えづらい科目で有効なのが、ルーブリックという評価方法だ。

たとえば「線の引き方」を例に挙げてみよう。"美しく整った線"をもっと具体的な要素で評価してみる。太さの均一性や濃淡など、実はしっかりと評価基準があることがわかる。ルーブリックとはこのように、あらかじめ設定したいくつかの評価基準に沿って、課題を採点する方法だ。すなわち、その課題では何を習得することが期待されているのか、改善すべき問題点はどこにあるかを、学習者と採点者の双方で明確に共有するための仕組みである。評価シートは4つの基本要素（①表題と課題、②評価尺度、③評価観点、④評価基準）からなる。採点者による項目のカスタマイズも可能だ。

以下に評価シートのフォーマット・サンプルを示す。

①**表題と課題**は、評価シートの一番上に記載する。「表題」で課題を端的に表す。また「課題」は「評価方法（②〜④）」を同時に示すことで明確になる

②**評価尺度**は、課題の達成度を示すものであり、ルーブリックの表の最上段に記載する。尺度の設定は自由であるが、おおむね3〜5段階で設定されることが多い。評価の段階が多いほど根拠の共有も難しくなるため、簡潔なものが好ましい。

なお、フォーマット・サンプルでは評価A〜Cと記号で示しているが優・良・可や模範的・及第点・不可のように、その尺度を表すとなお良い。

表題：「○○○○○○○○○○○○○○」

課題：○○○

出席番号　　　　氏名

NO.	評価観点	評価尺度		
		評価A	評価B	評価C
1	○○○○ （○%）			
2	○○○○ （○%）			
3	○○○○ （○%）			
4	○○○○ （○%）			
5	○○○○ （○%）			

□　○○○○○○○
□　○○○○○○○○○○
□　○○○○○○○○○○
□　○○○○○○○○○○

③**評価観点**は、いくつかの要素に分けて、わかりやすく漏れのないように記載する。各評価観点は課題の内容に応じて重みを付けても良い。たとえば評価観点に割合(%)を加えることで、要素の重要度にも強弱がつく

④**評価基準**は、各々の評価観点（③）と評価尺度（②）に対応して、どのような基準で評価したのかを具体的に記載する。評価基準の各項目にレ点の付けられるチェックボックスを付けても良い

すべてのポイントで最高レベルの評価を得られるように課題に取り組んでも、どうしても低いレベルの評価が与えられてしまうこともあるだろう。しかしそのときがチャンスである。自身が受けた評価に書かれた問題点を解決できさえすれば、次は確実により良い評価を得られるからだ。可視化された評価基準は、学習者にとっても振り返りや気づきの宝庫だ。

なお、ルーブリック評価シートは必ず、設計課題に着手する前に目を通してほしい。良し悪しの基準をしっかりおさえたうえで課題に取り組めば、何を達成しなければならないか自ら考えることができ、より習得効果がアップする。

出典：栗田佳代子、日本教育研究イノベーションセンター著『インタラクティブ・ティーチング─アクティブ・ラーニングを促す授業づくり』(河合出版、2011)

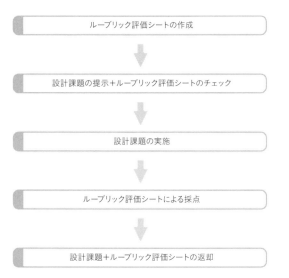

■ルーブリック評価シート例
基礎設計課題の例：線の引き方、点景の描き方、透視図法の作図など
建築設計課題の例：独立住宅、集合住宅、美術館、図書館、
　　　　　　　　　学校、事務所ビルなど

■ルーブリック評価シートの使いかた
ルーブリック評価シートを製図板の横に置いて、折に触れてチェックしながら製図を進め、終了後は設計課題とともに提出しよう。
設計課題の採点は、このシートに基づき行われ、採点後は設計課題とともに返却される。シートに「コメント欄」が設けてあれば、採点時に考慮されたさらに細やかな判断も共有できる。低い評価の場合はとくに、改善のためのフィードバックを参考にしたい。

ルーブリック評価シートを使ってみよう

本書の各章末には、各課題に対応したルーブリック評価シートが付いている。とくに左頁で示した④評価基準の項目は、何が改善されればより良い評価へつながるのかを採点者と学習者で共有しながら、学習者の意思で改善が図れるように工夫した。このシートを活用したり、採点者がさらにカスタマイズしたものを使ったりして、ステップアップに役立ててほしい。

なお、各評価シートに添えて、以下の解説も付け加えた。
p.22 の評価シートは「線の引き方のルーブリック」である。解説は「採点のしくみ」を添えている。どのように採点されるかを理解して課題に挑もう。
p.48 の評価シートは「平面図のルーブリック」である。ここでは「ペアチェックをしてみよう」と題して、アクティブ・ラーニングの技法「Think Pair Share」を用いて学習者同士でのペアチェックに活用する方法を紹介している。

p.72 の評価シートは「断面図のルーブリック」である。あわせて「ルーブリックの改善」について解説した。少しずつ評価シートを改善してうまく使いこなしてほしい。
p.110 の評価シートは「プレゼンテーションのルーブリック」である。「その他の留意点」としてルーブリックがどのようにカスタマイズされるか、そのポイントを解説している。

目次

1章

製図の準備知識

製図の基本知識について解説する。
──製図道具の使い方、線の引き方、設計するための空間寸法などを身につける。基本の章であるが、実務でも使える設計のポイントも紹介している。

1.1 製図用具と用紙

製図をするにも、まずは準備が必要である。"始めが大事"ということわざがあるが、道具の使い方を間違えて覚えてしまうと悪い癖がついてしまう。製図は一本一本の線の積み重ねであり、道具を正しく用いなければ、良い線を描くことができない。上達への第一歩は道具を知り、使い方を覚え、製図の基本知識を身につけることである。きれいな線が引けるようになると製図がより楽しくなり、美しい図面が描けるようになる。ここでは、製図道具として最低限揃えてほしいものピックアップし、簡単な解説文を添えて紹介する。

(1) 平行定規

製図板は図面を描くために必要なベース板である。板の表面は平滑になっており、表面の材質もいくつかの種類に分けられている。製図板とT定規という組み合わせもあるが、ここでは平行定規を紹介する。平行定規は両側のワイヤーによって定規を平行に上下移動し、長い平行線を何本も引くことができる。また、後で紹介する勾配定規や三角定規を組み合わせることで、垂直な線や斜線も引ける。

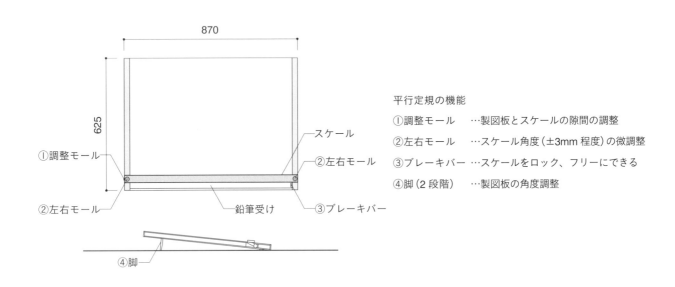

平行定規の機能

① 調整モール　…製図板とスケールの隙間の調整

② 左右モール　…スケール角度（±3mm程度）の微調整

③ ブレーキバー　…スケールをロック、フリーにできる

④ 脚（2段階）　…製図板の角度調整

(2) 用紙の種類

用紙のサイズはA判とB判の2種類あるが、設計製図においてはA判を用いることが多い。A0サイズを基準に、その半分がA1サイズとなりA2、A3と半分ずつ小さくなる。長辺と短辺の比率は$\sqrt{2}$：1である。用紙サイズを覚えておくと製図をするときやプレゼンテーションでのレイアウトを考えやすい。

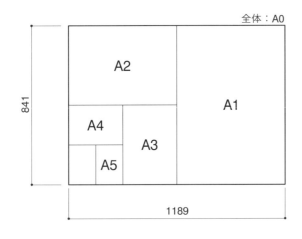

全体：A0

	A判		B判
A0	1189×841	B0	1456×1030
A1	841×594	B1	1030×728
A2	594×420	B2	728×515
A3	420×297	B3	515×364
A4	297×210	B4	364×257
A5	210×148	B5	257×182

(3) 勾配定規

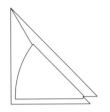

勾配定規や三角定規を用いることで、垂直な線や斜めの線を引くことができる。とくに勾配定規には便利な機能がある。この定規には3種類の目盛りがあり、RISE は水平距離に対する高さ、SLOPE は水平距離に対する斜面距離、DEGR は分度器と同じ角度を決める。これらを活用することでスムーズに作図を進められる。

(4) 製図用シャープペンシル

製図用シャープペンシルは一般的なシャープペンシルと異なり、先端が細く正確に定規をあてて線が引けるようになっている。芯の太さとしては、0.3mm、0.5mm、0.7mm の3種類あるが、これら1、2本でさまざまな線を使い分けられるようにしたい。芯の硬さは筆圧によって向き不向きがあるので、自分に合う硬さをいろいろ試してみる。

(5) 字消し板

字消し板は、いろいろな形で穴が空いているステンレス製の薄いシートである。間違えた線や細かな部分の線を消したいときに、シートの穴の部分をあてて不必要な部分を消す。穴以外のほかの部分の線が消えることがないので、製図には欠かせない便利なアイテムである。シートで隠れている部分が透けて見えるメッシュタイプもある。

(6) 三角スケール

その名の通り、断面が三角のものさしである。図面は実際の大きさ（原寸）で描くことができないので、三角スケールを用いて縮小して描く。種類にもよるが、1/100～1/600のスケールがあり、描きたい図面のスケールに合わせて使い分ける。大きな図面を描くときは30cm のものが使いやすいが、筆箱には常に 15cm を入れておきたい。

(7) テンプレート

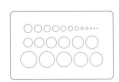

円や四角の穴のあいたプラスティック製の定規である。製図用シャープペンシルで円や四角を描くとき、この型にあてるときれいに描くことができる。また、文字や数字、家具レイアウトのテンプレート等いくつかの種類がある。扉の開き表記の円弧はよく利用するが、図面のスケールよって円弧の大きさが異なるので注意する。

(8) コンパス

きれいに円を描くための道具である。円テンプレートでは描けない大きな円や円弧を描くことができる。製図用のコンパスは正確な円が描けるようにエクステンションバー（継足棒）やテレスコピック（延長棒）などの機能を備えているので、使い方に合わせて使用する。アダプターを使用すれば手持ちの筆記具を使って線を描くこともできる。

1.2 製図の基本技術

1 線の種類と描き方

(1) 線の太さと使い分け

製図は線を引くことからはじまる。線の種類や使い方は JIS（日本工業規格）において定められているが、ここではより実践的な視点から説明する。線の使い分けとしては太線、中線、細線と3種類あるが、最初の段階では太線と細線の2種類を使い分けることを意識してほしい。目安として太線 0.5mm、細線 0.3mm ぐらいである。まずはこの2

種類を上手に使い分け、慣れてくればその中間にあたる中線を入れて線を使い分ける。何の線を描いているかをしっかり意識して、線の違いを表現する。細線については慣れないうちは線を薄く引いてしまうが、薄い線では図面を描いているうち消えてしまうので、しっかり力を入れて引くように心がける。

線の種類

実線	——————————	基本線
破線	— — — — —	隠れ線
一点鎖線	—・——・——	基準線

線の使い分け

実線	太線	——————————	断面線
	細線	——————————	外形線・寸法線・見え掛かり線

※太線と細線を使い分けられるようになってから中線をいれる

(2) 線の種類

線の種類としては大きく分けて、実線、破線、一点鎖線の3種類がある。実線は外形線や断面線、仕上線、寸法線など、一番多く使う種類である。破線は隠れ線とも言い、実際に見えてこない線や仮のレイアウトの線として図面上に

位置を示すために使われる。一点鎖線は中心線や基準線として使用される。 補足として下書き線（補助線）も紹介する。この線はあくまで下書きに用いる線なので、消えてしまっても良い薄い線で引く。細線との違いに注意する。

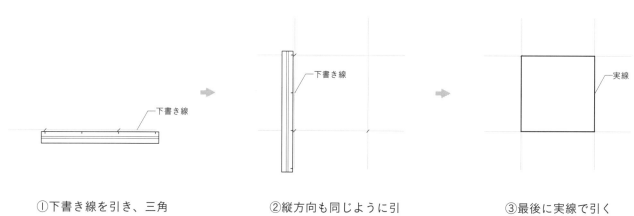

①下書き線を引き、三角スケールで印をつける

②縦方向も同じように引き、正方形を作図する

③最後に実線で引く

(3) 線の引き方

1章

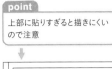

①用紙をセット
平行定規に合わせて用紙を水平に置く。

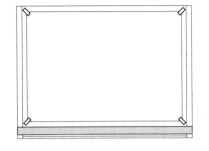

②用紙を固定
四隅をドラフティングテープで固定する。位置を決めたら動かさない。

③水平線を引く
左から右に向かって線を引く。
［左利きの場合：右から左へ］

2章

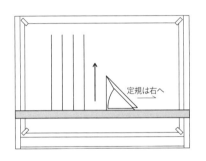

④垂直線を引く
下から上に向かって線を引く。

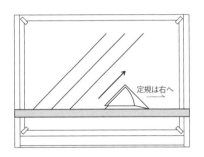

⑤右上がりの斜線を引く
右上がりの線は上り方向へ引く。
［左利きの場合：逆方向］

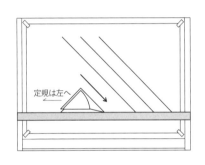

⑥右下がりの斜線を引く
右下がりの線は下がり方向へ引く。
［左利きの場合：逆方向］

3章

良い例と悪い例

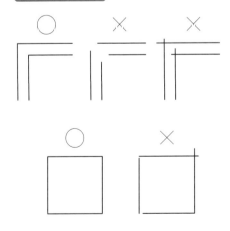

角はしっかりと線をくっつける。隙間を空けない。突き出さない。

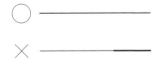

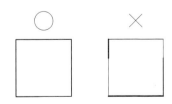

線は均一な太さで引く。途中で太くなったり細くなったりしない。

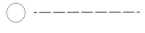

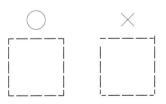

破線のピッチは等間隔に引く。角もしっかり止める。

4章

2 寸法とスケール

（1）寸法

大きさを伝えるために、寸法は必要である。図面は建物を設計するための説明書でもあるため、読み手に伝える情報として寸法は欠かせない。寸法表記には基準がある。まず、線の上側に数値を書く。横（左右）方向であれば線の上側、縦（上下）方向であれば線の左側に書く。"線の上側"に描くと覚えておけば間違うことはない。建築図面は細かな部分まで描くため、単位は mm（ミリメートル）を使用するが、原則として単位記号は表記せずに省略する。また、寸法線の両端には必ず●（黒丸）を表示する。よく描き忘れることがあるが、この黒丸は●から●までの寸法の範囲を意味しているため忘れないようにする。

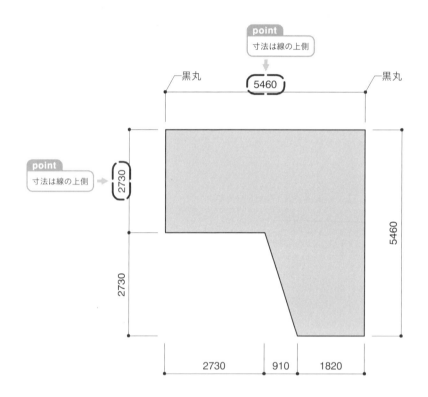

（2）スケール（尺度）

実際に設計する建物を、そのままの大きさで図面に描くことはできない。ある尺度に縮めて表現する必要がある。縮尺は実際の大きさよりも小さな尺度で表記したものであり、図面で伝えたい内容に合わせてスケールを決める。たとえば、敷地全体の配置図であれば 1/500、平面図であれば 1/100、1/200、詳細図であれば 1/20、1/50 というスケールを用いて作図する。スケール（尺度）という初めての感覚に慣れるには時間がかかるが、製図では必要な知識なので早めに習得したい。

表示例）S＝1:100, S＝1/100, SCALE＝1:200, SCALE＝1/200 etc...

（3）文字・数字

図面は必要な情報を正確に伝えなければならないため、文字や数字も楷書体で丁寧に書き込む。文字や数字の大きさを揃えるためにも上下に補助線を引き、そのガイドラインに沿って文字を書く。ガイドの間隔は表記するものによって異なるが、室名や寸法などは 3、4mm 程度が一般的である。また、これより小さな文字になると読み取りにくいので注意する。

リビング　　　　　ダイニング　　　　1F 平面図　SCALE＝1/100　　　3、4mm 程度

（4）寸法・スケール・文字の解説図

数値や室名を書き込む際は、図のようなレイアウト上のルールに則って仕上げていく。

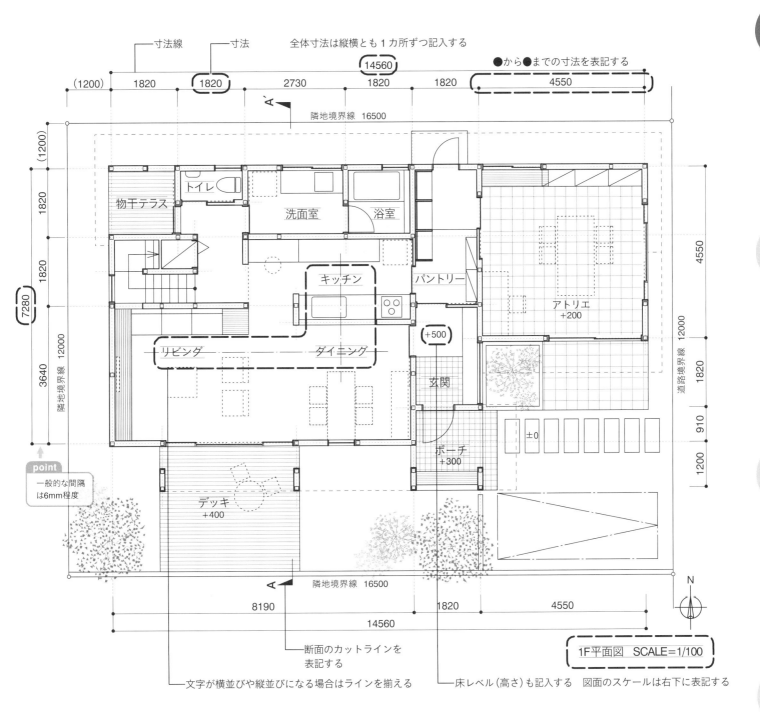

1章

2章

3章

4章

（5）その他

参考に図面の中でよく使われる記号や単位を紹介する。

記号	読み方	意味
r	アール	半径
φ	ファイ	直径
@	ピッチ	並んでいる物の間隔
t	ティ	厚み（thickness の略）

記号	読み方	意味
GL	ジーエル	グランドレベル・地盤面
FL	エフエル	フロアライン、階の高さレベルを示す
CH	シーエイチ	天井の高さ（ceiling height の略）
BM	ビーエム	ベンチマーク、敷地の基準点となる高さ

3　図面の表示記号

(1) 表示記号

図面は複数の人が情報をやり取りするため、だれでも理解できるように簡単な約束事がある。これを表示記号という。この記号を用いることで、開口部の位置や開き方などを理解することができる。表示記号において大切なことは線の

太さと使い分けである。切り口である断面線は太く、見え掛かり線は細く描くようにする。あくまでも図面における表示記号の種類として覚えておく。

開口部の表記

SCALE＝1/100

出入口戸				窓開口部			
名称	平面表記	断面表記	立面表記	名称	平面表記	断面表記	立面表記
引違い戸				引違い窓			
片引き戸				外開き窓 (縦滑り出し窓)			
引込み戸				FIX窓 (はめ殺し窓)			
両引き戸				横滑り出し窓			
片開き戸				内倒し窓			
両開き戸				上げ下げ窓			
折戸				ルーバー窓			

（2）スケールと表現方法

スケール（尺度）によって図面に描き込む情報が異なるように、表示記号も記す内容が異なる。左ページの「開口部の表記」の表は SCALE ＝ 1/100 のときの表示記号の種類を表しており、こちらの「スケールによる開口部の表記」という表では、スケールによる表現の違いを表している。1/200 の場合は開口部の位置、1/100 の場合は枠と開口方式（木造の場合は開口方式のみ）、1/50 の場合は建具の厚みや枠の位置など、スケールが大きくなるほど細かい部分まで描き込む。また RC（鉄筋コンクリート）造の場合は壁厚が 200mm になるので、開口部枠の位置は壁の内外のどちらか片側に寄せて表現したい。それぞれの違いを学ぶと図面表現に深みが出るので、おさえておきたいポイントである。

スケールによる開口部の表記

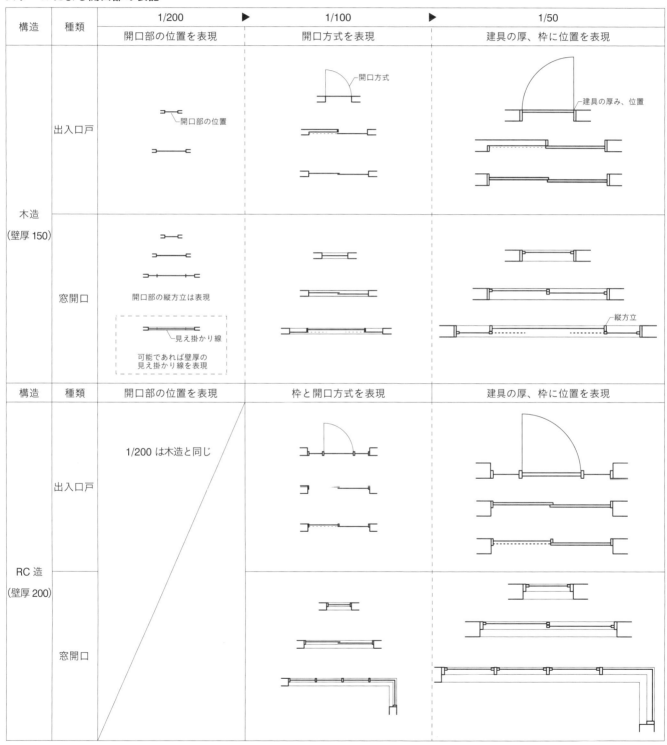

構造	種類	1/200 ▶ 開口部の位置を表現	1/100 ▶ 開口方式を表現	1/50 建具の厚、枠に位置を表現
木造（壁厚150）	出入口戸	開口部の位置	開口方式	建具の厚み、位置
	窓開口	開口部の縦方向立は表現／見え掛かり線／可能であれば壁厚の見え掛かり線を表現		縦方立
構造	種類	開口部の位置を表現	枠と開口方式を表現	建具の厚、枠に位置を表現
RC造（壁厚200）	出入口戸	1/200 は木造と同じ		
	窓開口			

4　建築図面の種類

(1) 設計図とは

設計図とは実際に見ることができない目線から空間を創造し、図を起こすことである。基本図面とされる配置図や平面図は「上」から、断面図、立面図などは「横」から見た図面で、建築のルールに則って、特別な視点で描かれている。どの図面も設計者が一つずつ空間のイメージを膨らませ、つくり方を理解したうえで一本一本線を引いている。

初めは難しいかもしれないが、慣れてしまえば、自身の頭の中を整理する道具としても、他者への説明書としても役に立つ。次の表では意匠図面、構造図面、設備図面の代表的なものをまとめた。主要な図面は参照ページにある実物を確認してほしい。ほかによく使う図面として、右ページで配置図と展開図を紹介する。

意匠図面

名称	図面表現の内容	SCALE	参照ページ
建築概要書	規模、構造、設備等の基本情報	―	―
案内図	計画地の地図、方位等	―	―
特記仕様書	各工事ごとの仕様、指示書	―	―
仕上表	外部や内部の仕上や色の指示	―	―
面積表	面積図、建蔽率、容積率等の数値	―	―
配置図	敷地内での配置、前面道路、隣地、敷地の高低差等	1/100 〜 1/500	p.17
平面図	各部屋の構成、開口部の位置、家具のレイアウト	1/50 〜 1/200	p.31, 32, 58, 59
立面図	建物の外観、開口部の形状や位置、外部の仕上	1/50 〜 1/200	p.41, 42, 67
断面図	建物の切断面を見た図、上下階の構成、天井高さ等	1/50 〜 1/200	p.37, 42, 63, 68
矩計図	建物の構造、下地から仕上、簡易な納まり等	1/20 〜 1/50	p.43, 69
展開図	内部を展開した図、仕上、高さ、家具、開口部の形状	1/30 〜 1/50	p.17
天井伏図	天井の仕上、照明、設備の位置	1/50 〜 1/200	―
建具表	建具の仕上、寸法、金物の指示	1/30 〜 1/50	―
標準詳細図	基本となる標準的な納まり図	1/5 〜 1/10	―
平面詳細図	壁内部の構成や開口部寸法、仕上の割付	1/20 〜 1/50	p.44, 70, 71
枠廻り詳細図	開口部廻りの納まり図、仕上、寸法、金物の指示	1/5 〜 1/10	―
部分詳細図	部分的な納まり図、仕上、寸法	1/5 〜 1/10	―

構造図面

種類	内容	SCALE	参照ページ
特記仕様書	各工事ごとの仕様、指示書	―	―
基礎伏図	建物の基礎形状、寸法、高さ、金物の指示	1/50 〜 1/200	―
床伏図	柱、土台、大引等、構造形状	―	―
小屋伏図	梁、桁、母屋、棟、垂木等、構造形状	1/50 〜 1/200	―
軸組図	柱、梁、筋交等の組み方	1/50 〜 1/200	―
詳細図	接合部等の仕口の納まり図	1/5 〜 1/20	―
構造計算書	構造設計の根拠となる数値	―	―

設備図面

種類	内容	SCALE	参照ページ
特記仕様書	各工事ごとの仕様、指示書	―	―
弱電設備図	スイッチ、コンセントなどの弱電の位置	1/50 〜 1/200	―
照明設備図	照明の位置、形状、照明リスト	1/50 〜 1/200	―
空調換気設備図	換気扇、エアコン等の空調位置、形状	1/50 〜 1/200	―
給排水衛生設備図	給排水の位置、経路	1/50 〜 1/200	―

1章

（2）よく使う図面の紹介

配置図

配置図は敷地と建物の関係を表す大切な図面である。敷地内の建物の位置や、玄関までのアプローチ、境界線沿いの門や塀、駐車場や造園等の外構計画もこの配置図に記入する。単に敷地内だけの図面ではなく、周辺環境を伝える手段でもある。敷地に面する道路や隣地との高さや距離等も記入する。

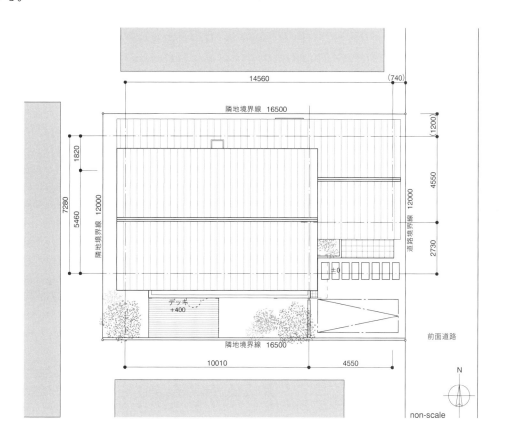

展開図

展開図とは室内の内壁を一面ずつ展開した図面である。この図面では立面図と同じように室内の壁を真横から見た図面であり、天井、壁、床仕上げから、天井や開口部の高さなどの寸法などの情報を描く。室内の家具や建具も出てくるので、インテリアの図面として必要なものである。

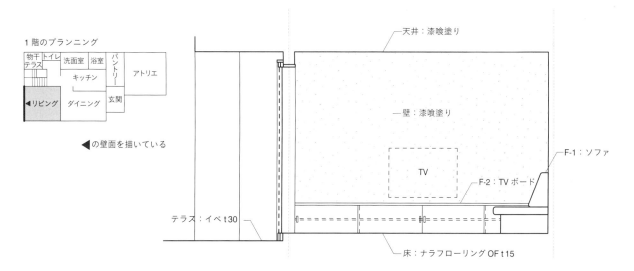

5　空間寸法

(1)　生活空間の寸法

建物を設計するためには、「スケール感」を身につけることが大切である。空間の広さやものの大きさ、距離感など、まずは人間の身体寸法から考え、手の届く範囲のスケールを学ぶことから始める。日常生活でも、階段の蹴上（1段ご との高さ）やテーブルや椅子の座面の高さなど、寸法を測る癖をつけておくと、自然と寸法感覚が身につく。ここでは、主要な部屋の空間寸法と家具寸法を紹介し、設計するときに役立つポイントとともに解説する。

駐車スペース

自動車の寸法を覚えることは大切だが、その際に忘れがちなのが、乗り降りするためのスペースである。自動車＋乗降スペースの両方を確保する必要がある。自転車の幅 700mm を基準に 2 倍が中型バイクの幅 1400mm、さらに 2 倍が普通自動車の幅 2800mm（2500 ～ 3500mm）の駐車スペースとして、この 3 つをまとめて覚えておくと便利である。

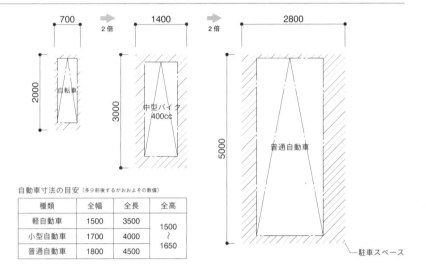

自動車寸法の目安（多少前後するがおおよその数値）

種類	全幅	全長	全高
軽自動車	1500	3500	1500 ～ 1650
小型自動車	1700	4000	
普通自動車	1800	4500	

リビング

リビングは家族団らんの場となるため、ゆとりある空間を設計する必要がある。ソファなどの家具を置く場合、周囲にスペースが必要になるため、家具の空間寸法も確認する。リビングでは TV や庭など、くつろいで眺める対象があることも考慮して、家具をレイアウトしたい。

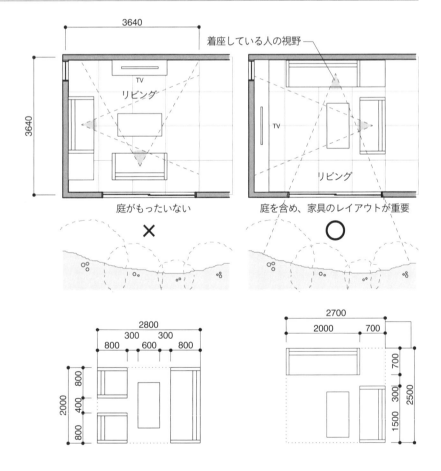

ダイニング

ダイニングは食事をする場所であるが、実は小さな子どもの学習の場にもなり、大人が読み書きすることも多い。夕食時には、家族が互いに1日の出来事を話し込んだりと、生活の中心となる場所である。また、台所やリビングと空間がつながることも多いので、それぞれの関係性も考えて計画したい。日常生活で使用する小物の収納などが近くにあるのも便利である。

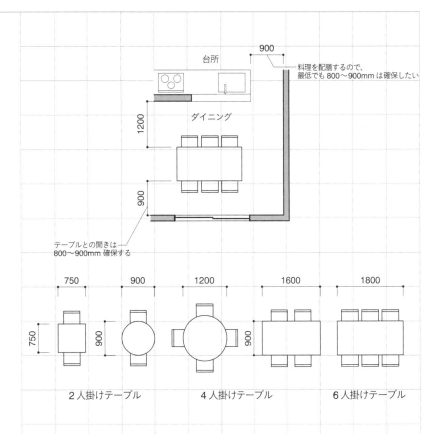

キッチン

キッチンはⅠ型、Ⅱ型、L型、U型、アイランド型、ペニンシュラ型の6つのタイプに分けられる。それぞれ、メリットとデメリットがあるので、プランに合わせて計画する。一般的には図に示した①〜④の流れで調理を行うことが多いので、冷蔵庫やシンク、コンロの並びも意識したい。キッチンの近くでは、食品などを保管するパントリーやゴミを出すための勝手口など、隣り合う空間をスムーズに行き来するための家事動線を意識する。

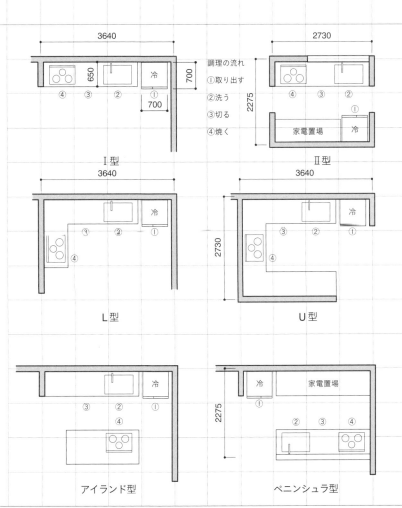

階段

階段には直階段、折り返し階段、螺旋階段などがある。上下へと空間を移動する動線上も重要な場所となるので、プランに適した設計をしたい。階段の上りやすさは、一般的な"計算式"を参考にしてもよいが、住宅であれば踏面230mm前後、蹴上200mm以下を目安に考えると良い。

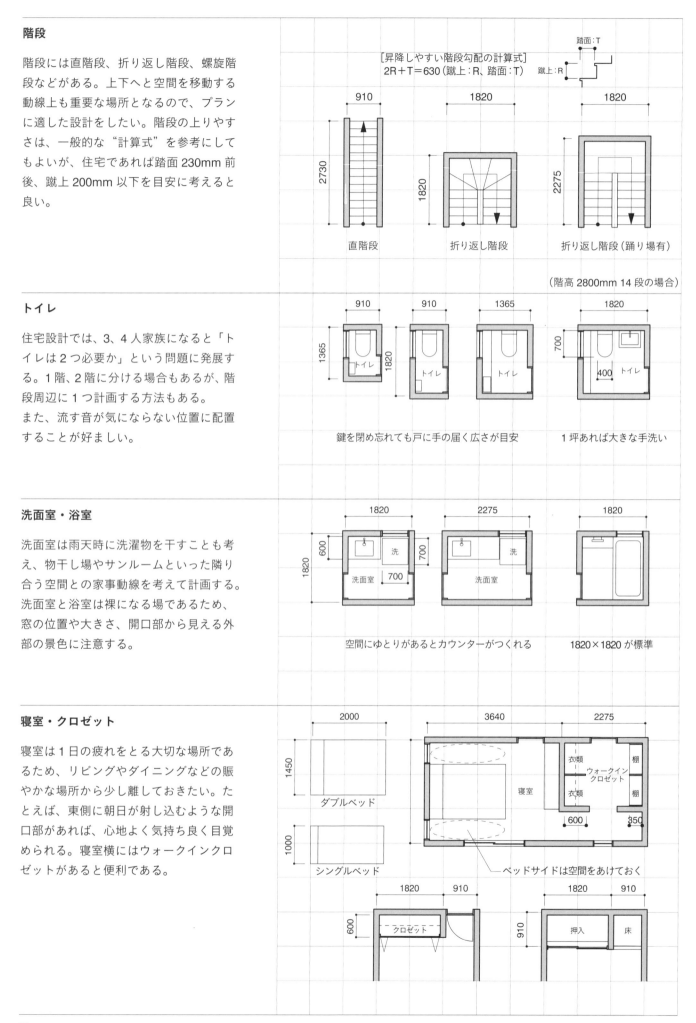

[昇降しやすい階段勾配の計算式]
2R＋T＝630（蹴上：R、踏面：T）

直階段　　折り返し階段　　折り返し階段（踊り場有）

（階高2800mm 14段の場合）

トイレ

住宅設計では、3、4人家族になると「トイレは2つ必要か」という問題に発展する。1階、2階に分ける場合もあるが、階段周辺に1つ計画する方法もある。
また、流す音が気にならない位置に配置することが好ましい。

鍵を閉め忘れても戸に手の届く広さが目安　　1坪あれば大きな手洗い

洗面室・浴室

洗面室は雨天時に洗濯物を干すことも考え、物干し場やサンルームといった隣り合う空間との家事動線を考えて計画する。洗面室と浴室は裸になる場であるため、窓の位置や大きさ、開口部から見える外部の景色に注意する。

空間にゆとりがあるとカウンターがつくれる　　1820×1820が標準

寝室・クロゼット

寝室は1日の疲れをとる大切な場所であるため、リビングやダイニングなどの賑やかな場所から少し離しておきたい。たとえば、東側に朝日が射し込むような開口部があれば、心地よく気持ち良く目覚められる。寝室横にはウォークインクロゼットがあると便利である。

ダブルベッド

シングルベッド

衣類　棚　ウォークインクロゼット　衣類　棚　寝室

ベッドサイドは空間をあけておく

クロゼット　　押入　床

(2) 添景

添景は図面やパースを構成するうえでの脇役(引き立て役)である。主役ではないが脇役がいないと全体が寂しく、表現も単調に見えてしまう。人や車、樹木を置くことでスケールが整い、臨場感が出る。空間をイメージさせるには欠かせない存在であるので、上手に表現したい。気を付けた

いのは、添景を一生懸命描きすぎて気がつけば主役になってしまうことだ。"あくまでも脇役"であることを念頭に置いて、完成した図面やパースに適度なタッチで描き込む。ただの脇役にするか、名脇役にするかは腕の見せどころである。

樹木を描く　SCALE = 1/100

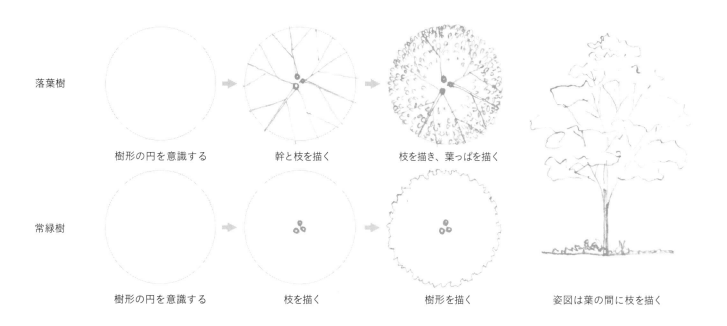

落葉樹

樹形の円を意識する　　幹と枝を描く　　枝を描き、葉っぱを描く

常緑樹

樹形の円を意識する　　枝を描く　　樹形を描く　　姿図は葉の間に枝を描く

車を描く　SCALE = 1/100

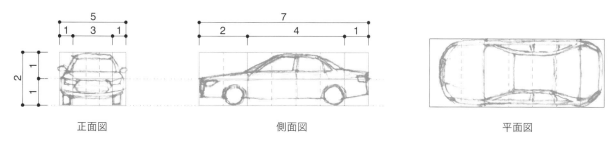

正面図　　　　側面図　　　　平面図

車の添景は難しいので、比率を用いてプロポーションをしっかりおさえる。アウトラインとタイヤだけでもよい。

人物を描く　SCALE = 1/50

+1700　　　　　　　　　　　　　　　　　　　　　　　　+1700

±0　　　　　　　　　　　　　　　　　　　　　　　　±0

頭と胴体、足の3つのボリュームだけで人物として認識できる。服装などの特徴を描くと性別や年齢が分かる。

ルーブリック①：採点のしくみ

ルーブリックを用いた採点は、評価軸のブレがない。だから学習者も、受けた評価を客観的に分析できるメリットがある。評価軸は一人の採点者の視点で作成される場合もあれば、複数の採点者が連携して作成される場合もある。いずれにせよ、一つの表題・課題の評価が採点者によってばらけないように、事前に評価観点・評価基準をすり合わされているということである。しかしルーブリックの評価基準はその性質上、きわめてオーソドックスな項目にとどめられている。そのため評価観点や評価基準が限定的・画一的になってしまう側面もあるが、それぞれの重み付けの比率（％）を設定することよって評価精度は向上される。

具体的な例として以下に、「線の引き方のルーブリック」を挙げた。
評価観点には、1. 直線性、2. 連続性、3. 濃淡、4. 課題全体の完成度、5. 課題全体の美しさ、という5つのポイントを挙げている。そのうち1〜3は、線を引くうえでマスターしてもらいたい基礎的な内容を挙げている。4と5は、線の引き方という課題全体の完成度と美しさを評価する内容となっている（この5つのポイントに必然性があるわけではなく、別の項目に置き換わることももちろんある）。また、今回は「濃淡」の重み付けを40％と高くした。濃淡の程度がもっとも作図の精度を量りやすいという判断からだ。

評価尺度は3段階とし、評価Aが最も評価が高いと位置付けた。基本的には、この評価Aを得られるためには、どのような線を引けば良いのか考えながら製図をしてみてほしい。各ポイントの評価Aの内容が極端にクリアできない場合には評価Cとなり、その中間の場合が評価Bとなる。

表題：「線の引き方のルーブリック」　出席番号　　　　　氏名

課題：建築製図の基礎となる線の引き方の練習をする。線の種類に応じた線の持つ意味をよく考え、回し引きによるペンの使い方、左から右へ線を引く姿勢（左利きの人は右から左へ）を意識しながら作図を行うこと。

NO.	評価観点	評価尺度		
		評価A	評価B	評価C
1	直線性＊ （10％）	□ 直線になっている	□ 部分的に直線になっていない箇所がある	□ 全体的に直線とは見なせない箇所が多い（曲がり・斜めなどが多い）
2	連続性 （10％）	□ 線の途切れがなく、太さ・細さが一定である	□ 部分的な線の途切れ、太さ・細さの程度にややバラつきが見られる	□ 全体的に線の途切れ、太さ・細さの程度の差が激しい
3	濃淡 （40％）	□ 線の強弱や濃淡が適切である	□ 部分的に線の強弱や濃淡にムラがある	□ 全体的に線が強弱や濃淡にムラがある（太すぎる・細すぎる・濃すぎる・薄すぎる線も不可）
4	課題全体の完成度 （20％）	□ 完成している （未完成な部分がほとんどない）	□ 部分的に未完成である （未完成部分が一部ある）	□ 全体的に未完成である （半分以上が完成していない）
5	課題全体の美しさ （20％）	□ 用紙の汚れもなく、紙面全体が美しく仕上げられている	□ 部分的に汚れており、美しさへの配慮が少し不足している	□ 全体的に用紙の汚れが目立ち、美しさへの配慮が明らかに欠けている

＊曲線が求められている場合には曲線の程度

2章

1/100 木造住宅のドローイング

2階建て木造住宅の平・立・断面図の製図法について解説する。
──東側道路に寄り付く土間仕様のアトリエと、リビングに連続する中間領域のデッキを有し、下屋と2階部分を共にシンプルな切妻屋根として端正な立面を備えた住宅である。

2.1 木造軸組み構法とは

日本の一般的な**木造軸組み構法（在来工法）**は、**柱**と**梁**を主とした**軸組（線材）**で構成される。近年の耐震基準強化の流れのなか、これに加えて筋交いや耐力壁（面材）、各種の補強金物で緊結することで、法規にかなう構造体となる。本書は、プレゼンテーション製図に重きを置くことから構造の詳しい解説は控えるが、企画設計時に必要となる考え方と押さえておくべき寸法体系までを示しておく。

耐力壁：地震・風といった外的な水平荷重に耐えうる能力をもつ壁のこと

1　グリッドプランニング

木造住宅は一般的に、**グリッドプランニング（グリッド＝格子）**で設計される。多くの場合、日本で伝統的に用いられてきた**3尺**という寸法をモジュール（基準寸法）とする。この3尺をメートルに換算する際の法的な値はないが、市場に多く流通している建材などに合わせて**910mm**とする場合が多く、この長さを1ピッチ（P＝間隔）と呼ぶ。この時の長さと面積の考え方を示す。

モジュール：p.18〜21の解説に詳しい

長さ：1間＝6尺＝1820mm　→　2P
面積：1間×1間＝1坪（2帖相当）　→　2P×2P＝4グリッド

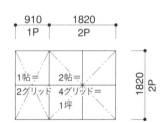

2　構造的な空間の分割（耐力壁線区画）

建物全体は、いくつかの四角い空間の寄せ集めだと考えると、構造的に都合が良い。頑丈な建物は、適正な柱と梁の配置で構成される。水平面（**床組**や**小屋組**）を構築するため柱間に掛ける梁の間隔は、**5P以内**に納めるのが好ましい。つまり概ねの基準として、5P×7PはOKであるが、6P×6PはNGと考えたい。加えて、それぞれの四角い空間の4辺の1/4位は、筋交いや面材にて補強された壁を配置するのが望ましい。1章の木造住宅においては、1階は構造的にA〜Eに示す5つの空間に分割され、それぞれの上部の短辺方向の合理的な位置に梁が架けられている。

3　柱の配置

一般の木造では、企画平面図の段階でも柱を記入する場合が多いので、**柱配置**の基本の考え方を示しておく。

①各部屋の隅部、壁の交差部、独立壁の両端
②2グリッド以上の幅の開口の両端
③1階の場合、2階の柱の下部
④梁の位置を想定しその端部の下の位置
⑤柱間隔が2グリッド以内に収まるような位置

まずは上記の基準を参考に、企画設計時の柱を配置してほしい。実際はこれ以外にも、開口位置や梁の間隔、耐力壁の位置、床組みや屋根組等、設計者の構造の考え方に従って、さまざまな条件を検討して決められる。参考までに、1章の木造住宅の平面図の柱配置の根拠を右に示す。

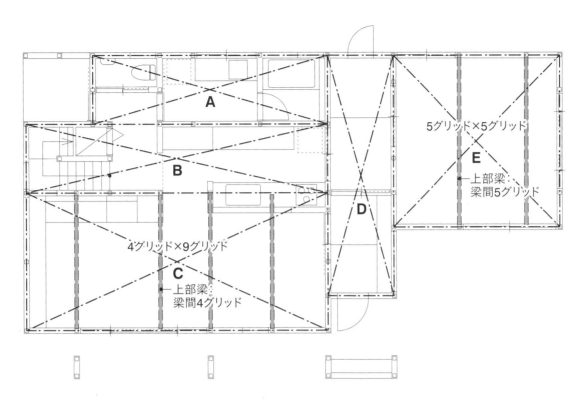

構造的な空間の分割

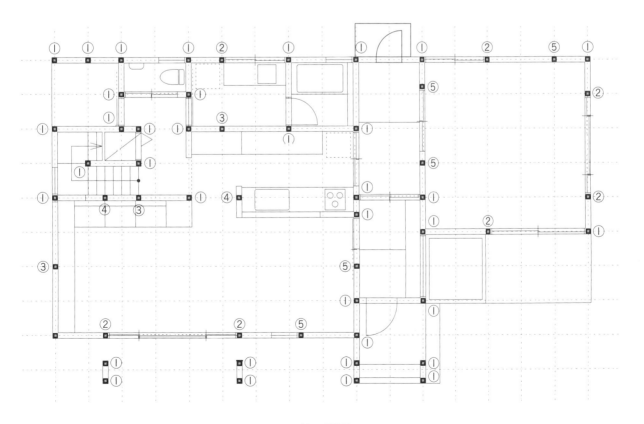

柱の配置

2.2 　木造住宅の平面図

1 　中心線（通り芯）の下描き

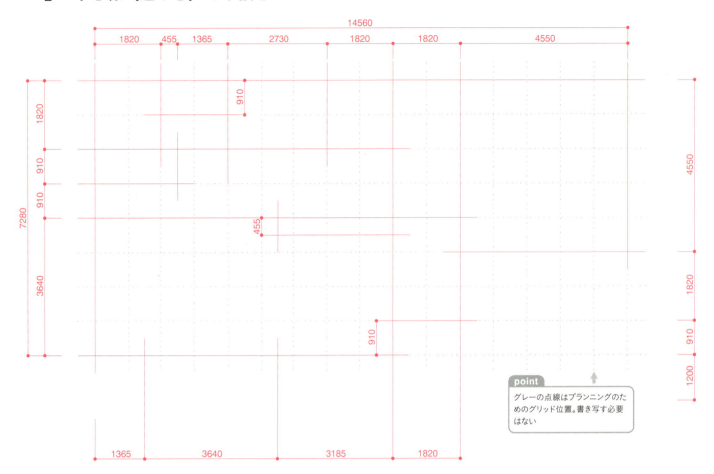

point
グレーの点線はプランニングのためのグリッド位置。書き写す必要はない

2 　壁厚の下描き

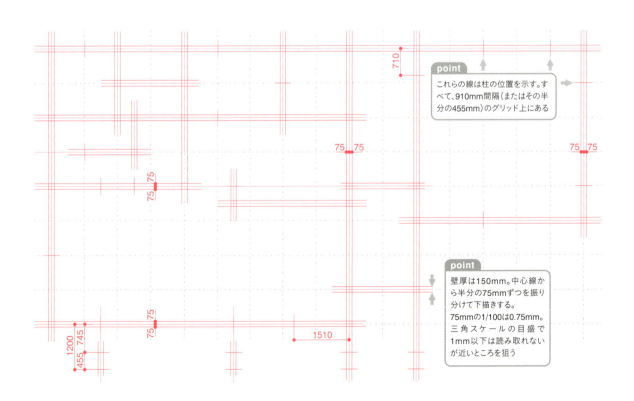

point
これらの線は柱の位置を示す。すべて、910mm間隔（またはその半分の455mm）のグリッド上にある

point
壁厚は150mm。中心線から半分の75mmずつを振り分けて下描きする。75mmの1/100は0.75mm。三角スケールの目盛で1mm以下は読み取れないが近いところを狙う

3 柱の記入

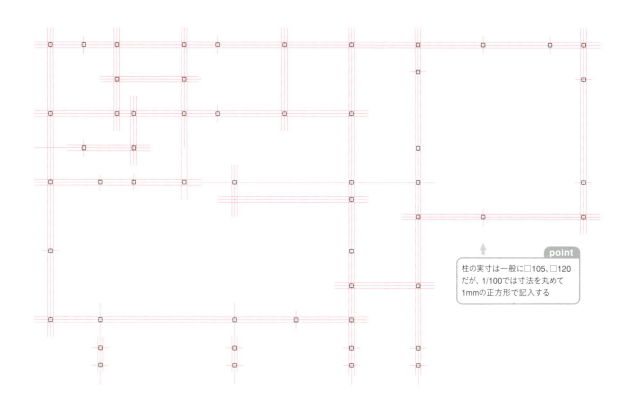

point
柱の実寸は一般に□105、□120
だが、1/100では寸法を丸めて
1mmの正方形で記入する

1 中心線（通り芯）の下描き

用紙の適当な位置に図面が収まるようレイアウトして、壁の中心線を下描きする。
木造住宅はグリッドプランニングが標準なので、このグリッド（グレーの点線）を
意識すると全体の寸法が理解しやすい。本書では910mmをグリッド寸法としてい
るので、この倍数あるいは半分の455mmを基準に中心線が配されている。

グリッドプランニング：p.24 に詳しい

2 壁厚の下描き

1/100 の木造平面図では通常、壁厚を150mm に設定する。その半分の75mm ずつ
を中心線の両側に振り分けて下描きする。
軸組み工法の柱が配置される位置の中心を下描きする。柱も基本は910mm または
その半分の455mm 間隔のグリッド上にあるが、一部、開口寸法等の関係でグリッ
ドを外れる場合のみ、その寸法を図示しておく。

軸組み工法：p.24 に詳しい

3 柱の記入

テンプレートを用いて柱を記入する〈細線〉。柱は断面であるが壁中に隠れている
ので、本書では〈細線〉で記入するが、〈太線〉とする表現もあり得る。また、プ
レゼンテーション目的の図面では、柱の表現を省略する場合も多い。

テンプレート：p.9 を参照のこと

4 開口端部の記入

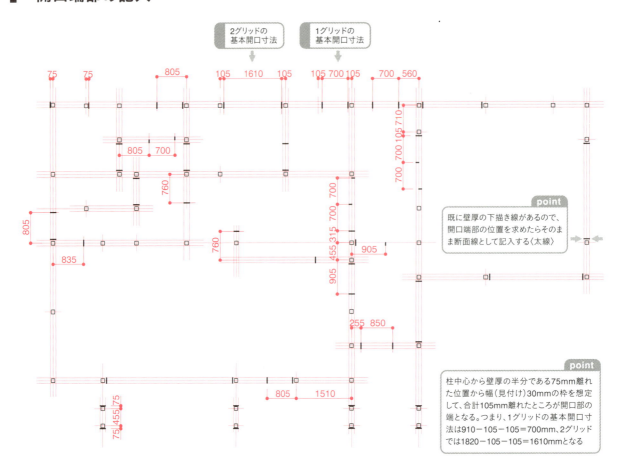

2グリッドの
基本開口寸法

1グリッドの
基本開口寸法

point
既に壁厚の下描き線があるので、開口端部の位置を求めたらそのまま断面線として記入する〈太線〉

point
柱中心から壁厚の半分である75mm離れた位置から幅（見付け）30mmの枠を想定して、合計105mm離れたところが開口部の端となる。つまり、1グリッドの基本開口寸法は910－105－105＝700mm、2グリッドでは1820－105－105＝1610mmとなる

5 壁仕上げ線、開口部の仕上げ

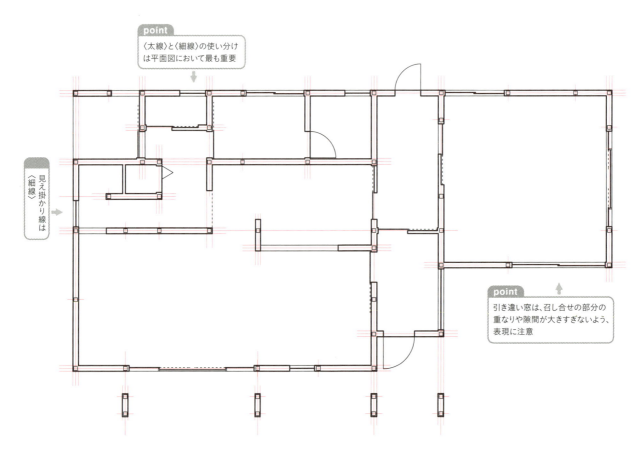

point
〈太線〉と〈細線〉の使い分けは平面図において最も重要

見え掛かり線は〈細線〉

point
引き違い窓は、召し合せの部分の重なりや隙間が大きすぎないよう、表現に注意

6 階段・建築設備の記入

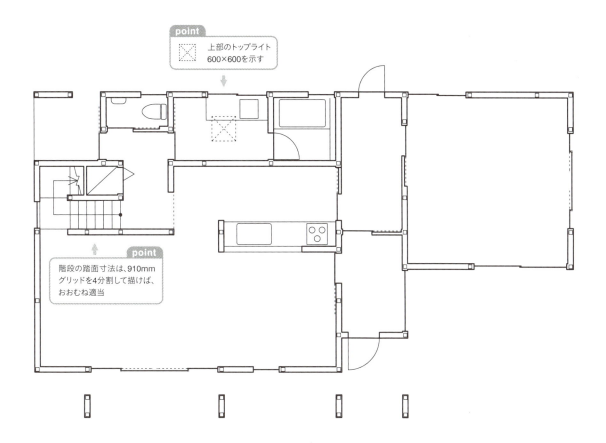

point
上部のトップライト
600×600を示す

point
階段の踏面寸法は、910mm
グリッドを4分割して描けば、
おおむね適当

4 開口端部の記入

開口部（窓や扉）の両端の位置を記入する〈太線〉。一般には開口部もグリッドを意識した位置に配置される。ここでも、グリッドを外れる場合のみ、その寸法を図示しておく。片引き戸の端部は、半壁分の厚みで記入する。独立壁については、柱の中心から壁厚の半分の75mm離れた位置を記入する〈太線〉。

5 壁仕上げ線、開口部の仕上げ

壁の仕上げ線と開口部を一気に描く。壁の仕上げ線は断面なので〈太線〉で記入する。開口部の場合、窓の建具部分は断面なので〈太線〉、壁厚を示す線は見え掛かりなので〈細線〉で記入する。

6 階段・建築設備の記入

階段、キッチン、洗面化粧台、トイレ等の設備機器を描く。これらはすべて見え掛かり線であるので、p.20に示した寸法を参考に、〈細線〉で記入する。階段の踏面の寸法は繊細な検討が必要であるが、1/100レベルの図面であれば910mmグリッドを4分割して描けば、おおむね適当といえる。

片引き戸：p.14の解説に詳しい
独立壁：他の壁と繋がっていない独立した壁
引き違い窓は、召し合せの部分の重なりや隙間が大きすぎないよう、表現に注意意したい

引き違い窓の記入

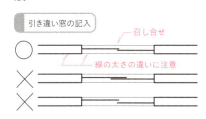

召し合せ
線の太さの違いに注意

なお、開き戸においては、建具を90°開いた状態を〈太線〉で表現する場合もあるが、閉めた状態が通常であるので、本書では閉めた位置を〈太線〉で表現することとする

踏面：p.20の解説に詳しい
なお段数は13段以上を目安としたい

7 造作家具、インテリアエレメント、外構、屋根やバルコニーのラインの記入

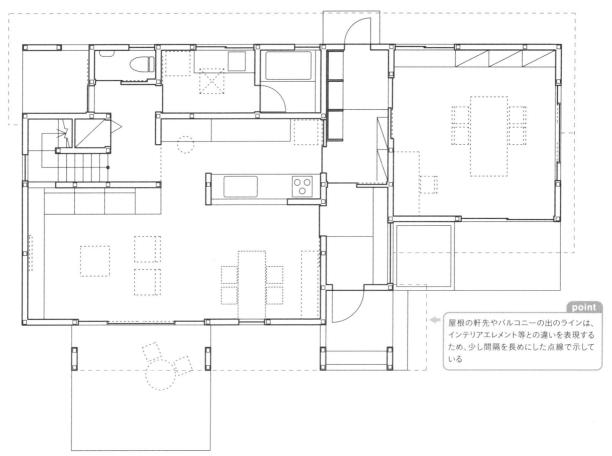

point
屋根の軒先やバルコニーの出のラインは、インテリアエレメント等との違いを表現するため、少し間隔を長めにした点線で示している

8 敷地境界線、室名、寸法、方位等の記入

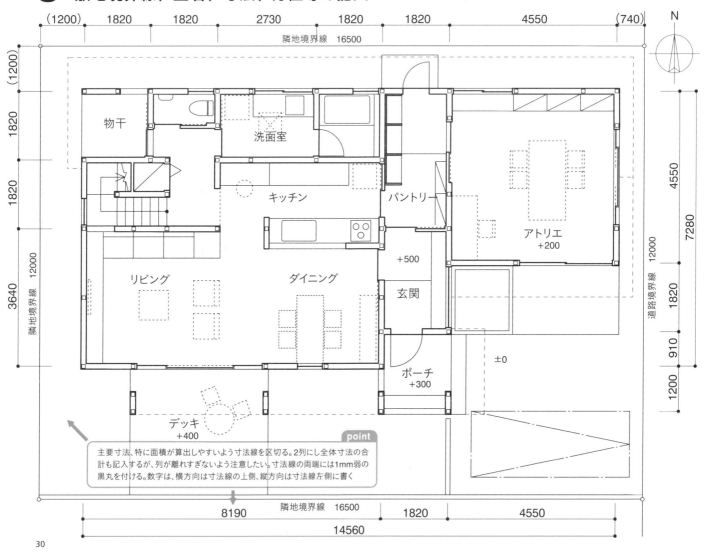

point
主要寸法、特に面積が算出しやすいよう寸法線を区切る。2列にし全体寸法の合計も記入するが、列が離れすぎないよう注意したい。寸法線の両端には1mm弱の黒丸を付ける。数字は、横方向は寸法線の上側、縦方向は寸法線左側に書く

❾ 平面図のプレゼンテーション

物干

洗面室

キッチン

パントリー

+500

アトリエ
+200

リビング

ダイニング

玄関

±0

ポーチ
+300

デッキ
+400

1階　配置平面図　SCALE=1/100

境界線の交差する点にはテンプレートを利用して直径1mmの円を描く。
また、道路位置が一目でわかるよう道路境界線は横に伸ばして描く

point

植栽データ提供
模様建築設計室　藤井加永子さん

1
章

2
章

3
章

4
章

7　造作家具、インテリアエレメント、外構、屋根やバルコニーのラインの記入

造作家具は〈細線〉、冷蔵庫やソファは〈細線かつ点線〉、ポーチ・デッキ・勝手口
＋間等の建物に直接接する部分は、建築の一部とみなして〈細線〉で記入する。
屋根の軒先やバルコニーの出のラインなど、平面図の中では見えないが上部にある
ものを、〈細線かつ点線〉で記入する。

造作家具：建築工事に含まれるものなので、
建築設備と同様に〈細線〉、対して冷蔵庫・
洗濯機・ダイニングテーブル＋イス・ソフ
ァ等の機器類やインテリアエレメントは、
住まい手が持ち込むものとして〈細線かつ
点線〉

8　敷地境界線、室名、寸法、方位等の記入

①敷地境界線〈細線〉、道路境界線〈細線〉、隣地境界線の文字と寸法を記入する〈太
線〉。

②室名〈太線〉や階段上りの矢印等〈細線〉もこの段階で記入する。室名等、図面中に
書く文字は、〈下描きの字幅線〉を引いて、丁寧かつ筆圧をかけて記入する〈太線〉。

③寸法線〈細線〉と寸法〈太線〉を記入する。

④方位は平面図の情報として重要なので忘れずに記入する〈細線〉。

⑤最後に、その他必要に思うものを記入して仕上げる。図では、床の各部のGLに
対する高さ、東側一部と南側の塀、車〈細線かつ1点鎖線〉を表現した。

9　平面図のプレゼンテーション

植栽や床仕上げの目地等の表現を加えて、雰囲気あるプレゼンテーション図に仕上
げる。

ここではプレゼンテーションの参考までに、
玄関とアトリエのタイル床目地、デッキの
目地、植栽、ポーチに至る飛び石等を表現
した

2.3　2階平面図・インテリアパース

2階平面図（1/100）

2階の平面図では、屋内部分の表記に捉われがちであるが、下に見える1階部分の下屋や庇等、すべてのものを記入するよう注意したい。屋根については、完成時のイメージが伝わるよう、仕上げ材の鋼板や彩色スレート板などのラインを表現すると好ましい。また階段の表記は、1階平面図では中間でカットした下半分、あるいは階段下収納等の間仕切壁までを記入するが、2階平面図の場合は見下げたすべての姿を記入すべきである。合わせて、矢印で昇り方向を示す。

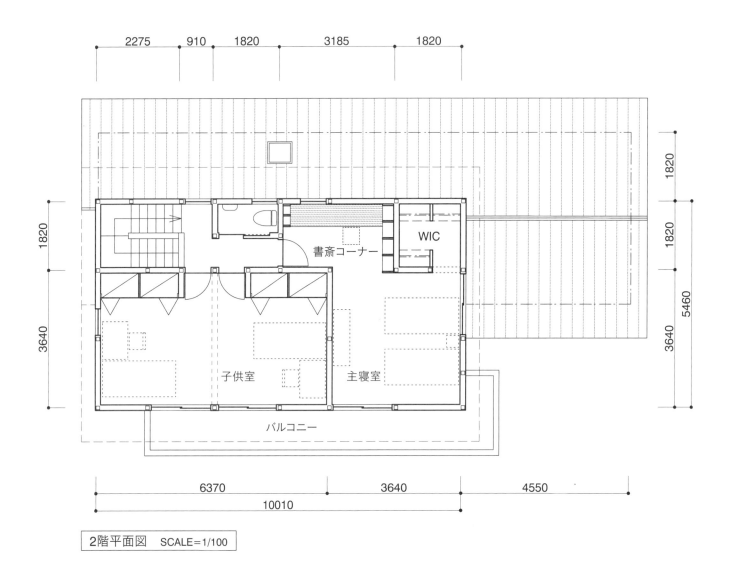

2階平面図　SCALE＝1/100

インテリアパース

平面プランを検討する際にも、最終的な目標は空間自体のデザインなので、適宜右図のようなインテリアパースを描いて完成の姿の検証に努めたい。ここでは、リビングダイニングの空間から木製の見透かし塀で囲われた外部デッキ空間までの一体となった連続性や、ダイニングテーブルの位置に合わせたピクチャーウィンドウ等が意識してデザインされている。

ダイニングからリビングと外部デッキの見通し

リビングよりダイニングの見返し

2.4 木造住宅の断面図

1 高さの基準線と中心線の下描き

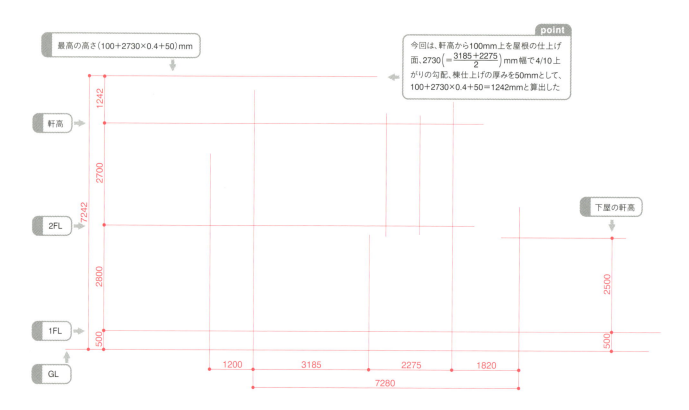

最高の高さ(100＋2730×0.4＋50)mm

今回は、軒高から100mm上を屋根の仕上げ面、2730 $\left(=\dfrac{3185＋2275}{2}\right)$ mm幅で4/10上がりの勾配、棟仕上げの厚みを50mmとして、100＋2730×0.4＋50＝1242mmと算出した

軒高

2FL

1FL

GL

下屋の軒高

1242
2700
7242
2800
500

2500
500

1200　3185　2275　1820
7280

2 壁厚、軒先の厚みの下描き

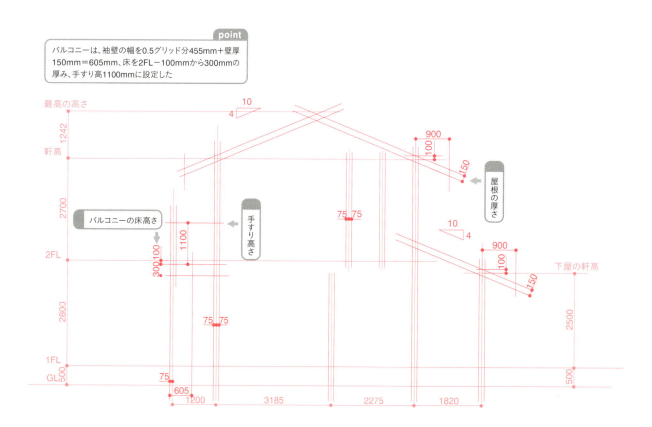

バルコニーは、袖壁の幅を0.5グリッド分455mm＋壁厚150mm＝605mm、床を2FL－100mmから300mmの厚み、手すり高1100mmに設定した

最高の高さ

軒高

バルコニーの床高さ

手すり高さ

屋根の厚さ

下屋の軒高

2FL

1FL

GL

1242
2700
2800
500

10
4
900
100
150

1100
300 100
75 75

10
4
900
100
150

75 75
75
605

2500
500

1200　3185　2275　1820

3 天井高（CH）、開口高の下描き

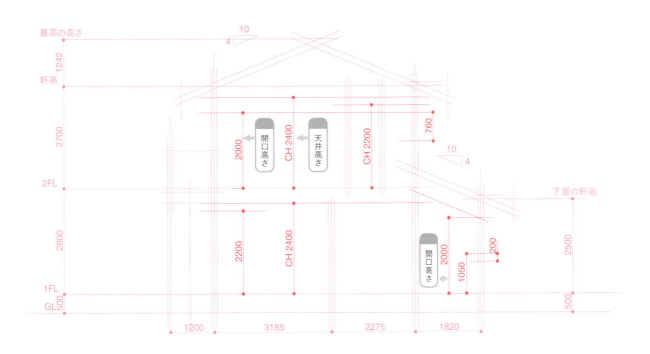

1 高さの基準線と中心線の下描き

①用紙の位置決めをしたら、GL（グラウンドライン）、1FL（1階床高）、2FL（2階床高）、軒高（屋根組みの材料を支える横架材の上端）を下描きする。最高の高さは、屋根勾配から計算して求める。

②断面で示される壁の中心線を下描きする。合わせて、バルコニーの部分も切断されるので、手すり壁の中心線も下描きする。

2 壁厚、軒先の厚みの下描き

①平面図の要領と同様に、壁厚150mmを75mmずつ中心線の両側に振り分けて下描きする。

②軒高から100mm上に屋根の仕上げ面、さらにそこから下に150mmの厚みで軒裏のラインを下描きする。さらに、軒先900mmの位置を下描きする。

③バルコニーの形状もここで下描きする。

3 天井高（CH）、開口高の下描き

各室の天井高と開口高を下描きする。ここでは、洗面室は勾配天井とした。

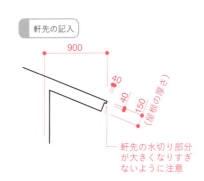

軒先の記入

軒先の水切り部分が大きくなりすぎないように注意

4 壁仕上げ線、開口部の仕上げ

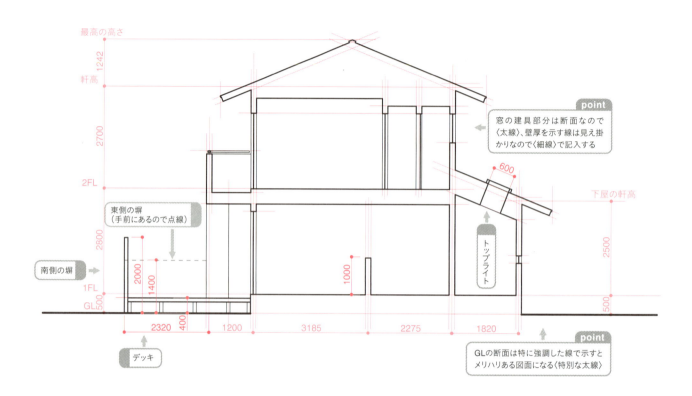

東側の塀
（手前にあるので点線）

南側の塀

南側の塀

デッキ

point
窓の建具部分は断面なので〈太線〉、壁厚を示す線は見え掛かりなので〈細線〉で記入する

トップライト

下屋の軒高

point
GLの断面は特に強調した線で示すとメリハリある図面になる〈特別な太線〉

最高の高さ
軒高
1242
2700
2FL
2800
2000
1400
1FL
500
GL
2320　400　1200　　3185　　2275　　1820
600
1000
2500
500

5 室名、各部寸法等の記入

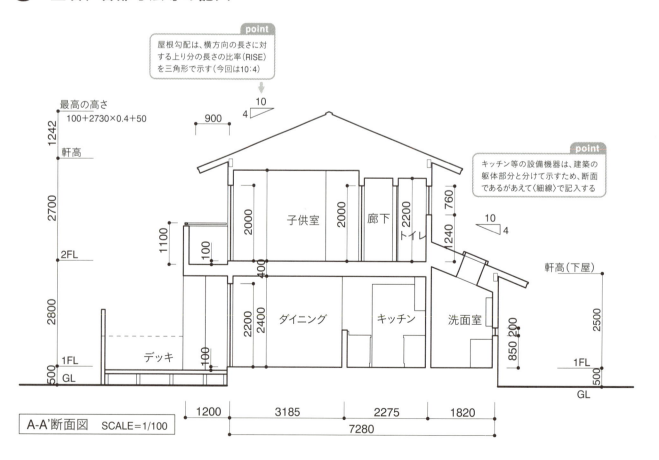

point
屋根勾配は、横方向の長さに対する上り分の長さの比率（RISE）を三角形で示す（今回は10:4）

point
キッチン等の設備機器は、建築の躯体部分と分けて示すため、断面であるがあえて〈細線〉で記入する

最高の高さ
100＋2730×0.4＋50
1242
軒高
2700
2FL
2800
1FL
500
GL

900
10
4

子供室　廊下　トイレ
2000　2000　2200　2200

1100　100　100

デッキ　ダイニング　キッチン　洗面室
2200　2400　100

1240　760

10
4

軒高（下屋）
2500
850 200
1FL
500
GL

A-A'断面図　SCALE＝1/100

1200　　3185　　2275　　1820
7280

36

6 断面図のプレゼンテーション

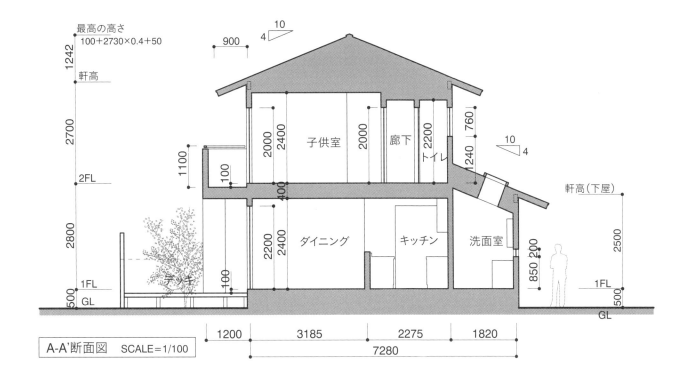

最高の高さ
100+2730×0.4+50
1242
軒高
2700
2FL
2800
1FL
500
GL

900
10
4

子供室　廊下　トイレ
2000　2400　2000　2200

1100
100

400

2200　2400
ダイニング　キッチン　洗面室

100

デッキ

10
4

軒高(下屋)
2500
850 200
1FL
500
GL

A-A'断面図　SCALE=1/100

1200　3185　2275　1820
7280

1240　760

4　壁仕上げ線、開口部の仕上げ

①平面図同様に、壁の仕上げ線と開口部を一気に描く。壁の仕上げ線は断面なので
〈太線〉で記入する。GL の断面線を描く〈特別な太線〉。

②南側のデッキや塀の見え掛かり〈細線〉、洗面室のトップライトの断面〈太線〉も
ここで記入しておく。

5　室名、各部寸法等の記入

①〈下描きの字幅線〉を引いて、丁寧かつ筆圧をかけて室名を記入する〈太線〉。

②断面の基本寸法である GL、1FL、2FL、軒高、最高の高さを記入する。寸法線は
〈細線〉、寸法は〈太線〉で記入する。同様に、各室の天井高さと開口高さ、断面
に現れる壁の位置の寸法も記入する。

③屋根勾配の記号を記入する〈細線〉。

④キッチンや洗面化粧台等の設備機器は省略しても構わないが、断面として現れる
部分は記入しておくのが好ましい。

6　断面図のプレゼンテーション

断面図の場合、壁や天井裏等の躯体の切られた部分を塗るとメリハリある見やすい　●━━━　人物や樹木を入れるのも、高さ方向の理解
図面になる。　　　　　　　　　　　　　　　　　　　　　　　　　　　　を助ける効果的なプレゼンテーションとなる

2.5 木造住宅の立面図

1 高さの基準線と中心線の下描き

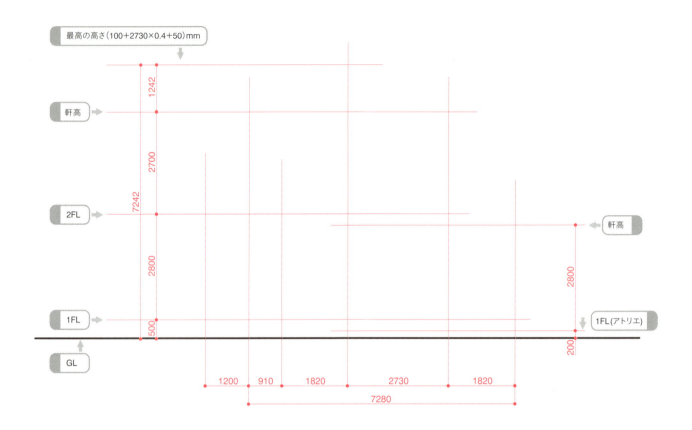

2 壁厚、軒先の厚みの下描き

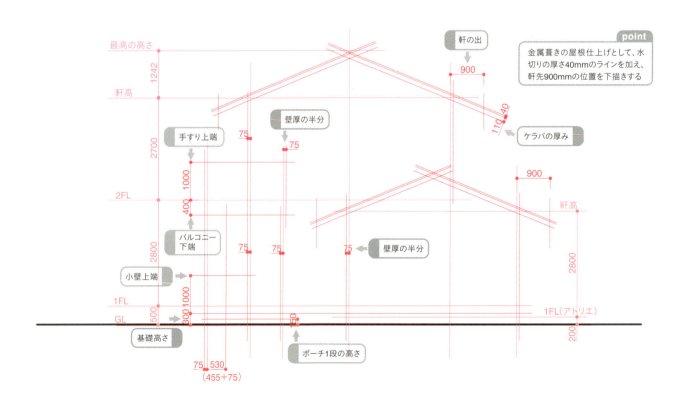

3 外形線の仕上げ

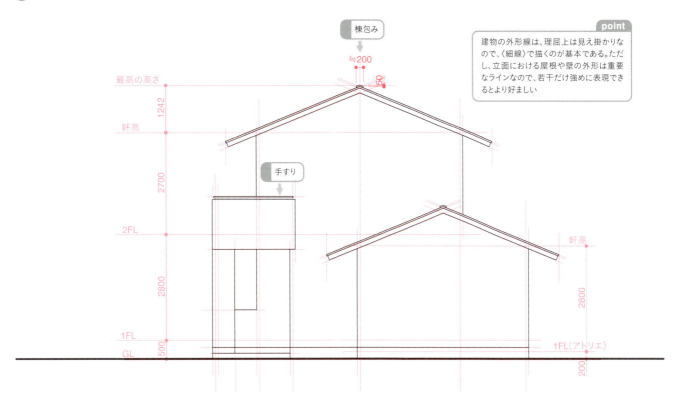

棟包み

≒200

最高の高さ

1242

軒高

2700

2FL

手すり

2800

1FL

GL

500

軒高

2800

1FL(アトリエ)

200

> **point**
> 建物の外形線は、理屈上は見え掛かりなので、〈細線〉で描くのが基本である。ただし、立面における屋根や壁の外形は重要なラインなので、若干だけ強めに表現できるとより好ましい

1 高さの基準線と中心線の下描き

①断面図と同様に、用紙の位置決めをしたら、まず初めにGL（グラウンドライン）を強調した線で描く〈特別な太線〉。続けて、1FL、2FL、軒高を下描きする。

②主要な壁の中心線を下描きする。合わせて、バルコニーの手すり壁位置の中心線も下描きする。

2 壁厚、軒先の厚みの下描き

①建物の外形を示す線として壁厚150mmの半分の75mmを中心線の外側に下描きする。

②軒高から100mm上に屋根の仕上げ面、さらにそこから下に150mmの厚みで軒裏のラインを下描きする。

③基礎の高さ（GL＋300mm）、ポーチ1段目（GL＋150mm）のラインを下描きする。

3 外形線の仕上げ

①建物の外形線を仕上げる。

②屋根のトップ部分の棟包み、手すり壁の上のアルミ手すり、基礎、ポーチ等、建物本体に関係する見え掛かりを表現する〈細線〉。

1 章

2 章

3 章

4 章

4 開口部、その他見え掛かり線の仕上げ

point

開口枠、建具枠の幅を測って描くのは不可能だが、感覚的には開口枠は線が重ならないぎりぎりの幅（平面図で設定した30mmを目安）、建具枠はそれより若干だけ幅広に（40mmを目安）表現できると好ましい

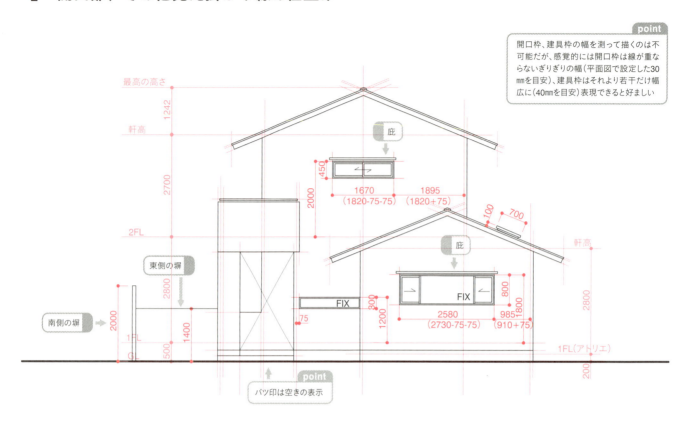

point

バツ印は空きの表示

5 室名、各部寸法等の記入

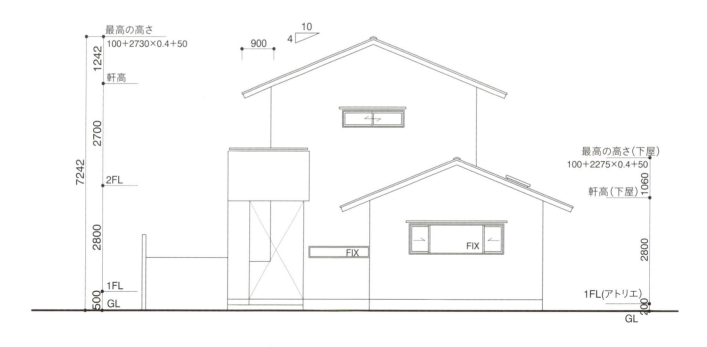

東立面図　SCALE＝1/100

6 立面図のプレゼンテーション

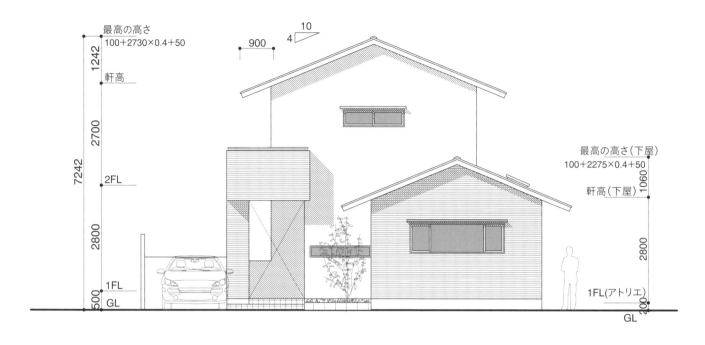

最高の高さ
100＋2730×0.4＋50

1242

軒高

2700

7242

2FL

2800

1FL

500

GL

900

10
4

最高の高さ(下屋)
100＋2275×0.4＋50

1060

軒高(下屋)

2800

1FL(アトリエ)

600

GL

東立面図　SCALE＝1/100

4　開口部、その他見え掛かり線の仕上げ

①立面に現れる開口部の外形を下描きし、続けてプロポーションに気を付けながら
開口枠、建具枠の順に記入して仕上ける〈細線〉。合わせて、開口方式の表示記号
も記入する〈細線〉。

②窓庇、下屋に付くトップライト、南側のデッキや塀等、建物に付属する見え掛か
りを表現する〈細線〉。

5　各部寸法等の記入

1FL、2FL、軒高、最高の高さ、屋根勾配を記入する。寸法線は〈細線〉、寸法〈太
線〉で記入する。

6　立面図のプレゼンテーション

立面図の場合、開口部のガラス部分を塗ると表現豊かな図面になる。屋根の出や庇
など、建物の凹凸に合わせた影をつけると立体感が増す。●

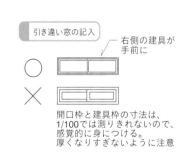

引き違い窓の記入

右側の建具が
手前に

○

×

開口枠と建具枠の寸法は、
1/100では測りきれないので、
感覚的に身につける。
厚くなりすぎないように注意

加えて、壁仕上げのイメージ、ポーチのタ
イル目地、人物・植栽・車等の点景まで表
現すると、プレゼンテーションのレベルが
上がる

2.6 その他木造の参考図

東西断面図／南立面図（1/100）

切妻屋根の棟と平行の方向を投影した断面図と立面図である。基本的な高さ関係はもちろん解説に示した断面図と同じであるが、屋根の勾配自体は図面に現れてこないので、最高の高さや軒先の位置は、先に作図した妻面の屋根型から導く手順となる。

東西断面図では、2階部分は棟の向こう側で切断しているため、最高の高さは点線で示している。対して、アトリエ部分は棟の手前側で切断しているため、その先に見える屋根面を示している。加えて、どちらも一番奥に見える軒先ラインの記入を忘れないよう注意したい。

南立面図では、屋根面の仕上げ材である鋼板（立ハゼ葺き）のラインを記入している。加えて、バルコニーとアトリエ部の外部壁仕上げ、窓ガラス、手前の塀の高さを示す点線、等の表現まで参考とされたい。

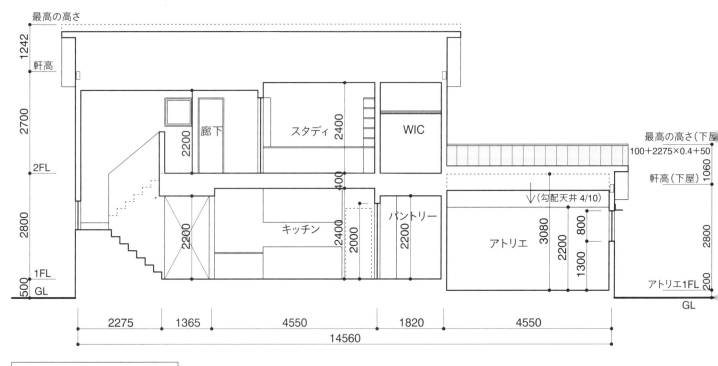

東西断面図　SCALE＝1/100

南立面図　SCALE＝1/100

矩計図（1/30）

矩計図は、建物を縦方向に切断して構造躯体から内外の仕上げまで詳しく記載のなされた図面
であり、通常は 1/50 ～ 1/20 のスケールが用いられる。基礎の形状や断熱材など目に見えない
仕様までが示され、建物の形態のみならず品質や性能まで規定する重要な役割を持つ。

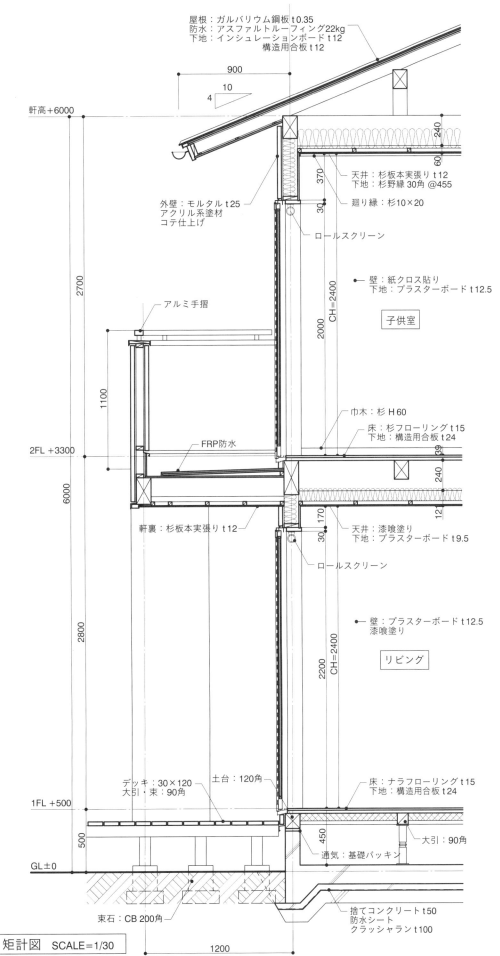

屋根：ガルバリウム鋼板 t 0.35
防水：アスファルトルーフィング22kg
下地：インシュレーションボード t 12
構造用合板 t 12

軒高 +6000

900

10
4

天井：杉板本実張り t 12
下地：杉野縁 30角 @455

廻り縁：杉 10×20

外壁：モルタル t 25
アクリル系塗材
コテ仕上げ

ロールスクリーン

壁：紙クロス貼り
下地：プラスターボード t 12.5

子供室

アルミ手摺

CH＝2400

巾木：杉 H 60
床：杉フローリング t 15
下地：構造用合板 t 24

FRP防水

2FL +3300

軒裏：杉板本実張り t 12

天井：漆喰塗り
下地：プラスターボード t 9.5

ロールスクリーン

壁：プラスターボード t 12.5
漆喰塗り

リビング

CH＝2400

デッキ：30×120
大引・束：90角

土台：120角

床：ナラフローリング t 15
下地：構造用合板 t 24

1FL +500

大引：90角

通気：基礎パッキン

GL±0

束石：CB 200角

捨てコンクリート t 50
防水シート
クラッシャラン t 100

矩計図　SCALE＝1/30

1200

平面詳細図 （1/30）

平面詳細図は、建物の横方向の断面である平面図の一種であるが、より詳細な情報を盛り込んだ図面であり、通常は1/30～1/50のスケールが用いられる。開口部の詳細寸法や枠の形状、造作家具等の意匠から、矩計図と同様に壁の内部仕様や仕上げの様子まで、詳細に示される。

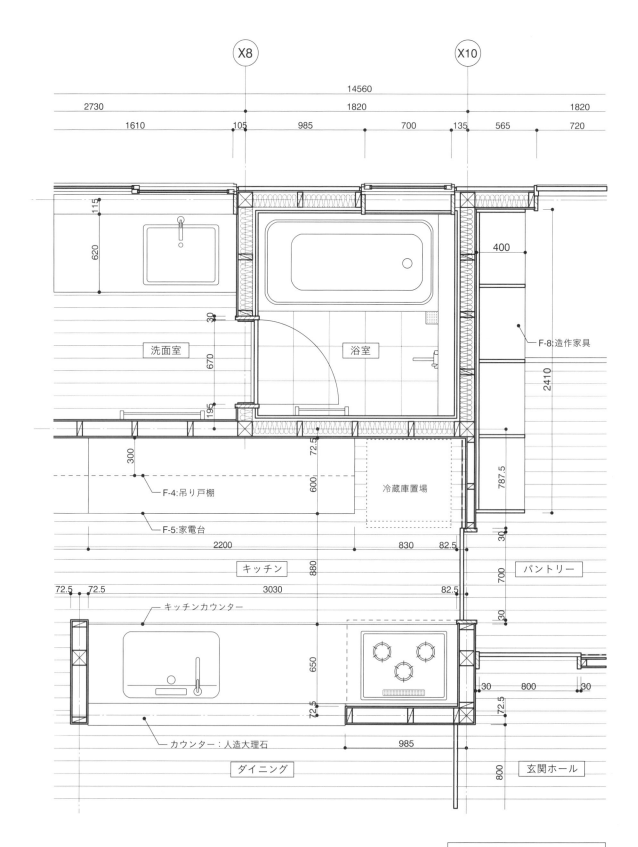

平面詳細図　SCALE＝1/30

屋根の形状

日本の建物の屋根は、雨を効率よく地面に流すことのできる形状を発達させてきた（切妻・寄棟・片流れ等）。防水技術の普及にともない、陸屋根のような平らな屋根も一般的に多く採用されるようになった。建物の平面計画や構造を検討するうえで、どのような屋根を架けるかを考えることはとても重要である。立面や屋根伏図を描く際には、下表のアイソメ図（4.2 を参照）で示したように、立体的に屋根の形状を把握できなければならない。勾配のついている屋根には、表中の立面図と屋根伏図のそれぞれに、その傾きを示す記号が記されている。

	立面図（妻面・側面）	屋根伏図	アイソメ図
切妻屋根	**point** 屋根勾配：屋根の傾きを、水平寸法（10寸）に対する縦寸法（ここでは4寸）で示す。「4寸勾配の屋根」と呼ぶ 4 / 10	**point** 屋根勾配：屋根の傾きを、水が流れる方向の矢印で示す	
寄棟屋根	4 / 10　　4 / 10		
片流れ屋根	10 / 2		
陸屋根			**point** 屋上の周りの立ち上がりをパラペットと呼ぶ。屋根の防水上必要な部分である
L型平面の屋根	4 / 10　　　10 / 4		

45

実際の手書きのテクスチャーのわかる図面を示しておく（学生のトレース作品）。重ねて言うが、下描き線はできるだけ薄く描く。仕上げ線は、太線と細線ともに筆圧をかけて濃く描くのは同様であるが太さの違いが明確にわかるよう留意する。

なお、立面図においては、理屈上すべてが見え掛かり線〈細線〉であるが、建物の外形は特に重要なラインなので、若干でも太めに記入すると表現力が上がる。

図面提供
京都橘大学 2018 年度入学生　上島悠梨愛さん

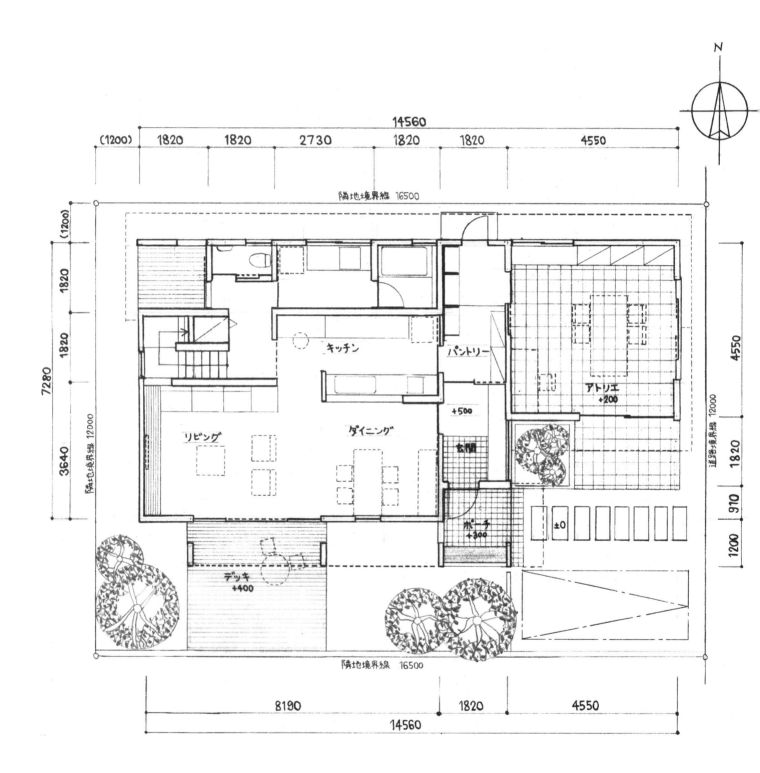

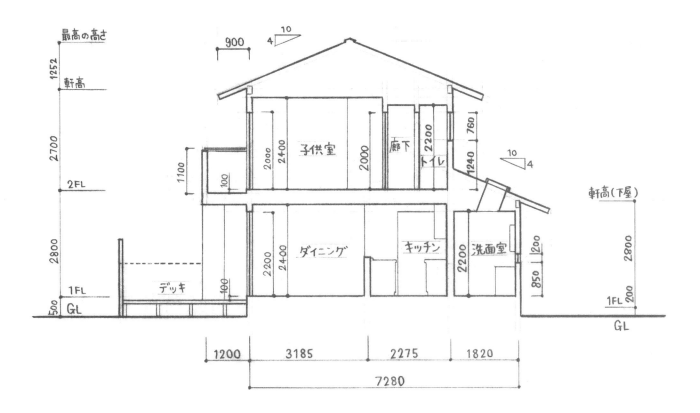

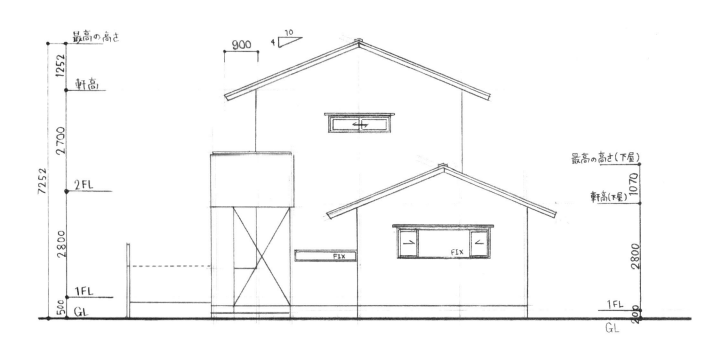

ルーブリックは採点時に使用するだけでなく、学習する者同士でペアチェックを行う際にも活用できる。ここではアクティブ・ラーニングの技法としてよく用いられている「Think Pair Share（シンク・ペア・シェア）」を組み合わせた方法を紹介する。Think Pair Share とは、まず一人で考え、次にペアになり、考えたことを共有したり意見交換したりする方法のことだ。ペアで考えたことをさらにグループでシェアすることも有効である。この手法にルーブリック評価シートを活用する。ルーブリックで自己評価（一人で考え）したのち、学習者同士（ペア）でその評価をシェアしてみて、客観的な指摘や意見を交換する。自分の作例と他者の作例の長所・短所を比較することで、問題点や改善方法をすばやく見つけることができるのだ。 以下に、木造住宅の

平面図をトレースする場合のルーブリックを例として挙げた p.22 よりも課題の難易度が高いので、評価観点の数は 10 項目とした。また、このルーブリックではペアチェックも目的としているため、重み付けはとくに設定していない。

表題：「平面図のルーブリック」　　出席番号　　　　　氏名

課題：作品「木造住宅」を事例として、平面図（縮尺1/100）を手書きでトレースする。作図手順に従い、段階的に図面を仕上げていく。但し、素早く正確に、且つ綺麗に仕上げること。なお、本課題ではテンプレートを用いること。

NO.	評価観点	評価尺度		
		評価A	評価B	評価C
1	中心線 （通り芯）	□ 用紙に図面が収まるようなレイアウトを考慮して、壁の中心線を下描きしている	□ 用紙に図面が収まるようなレイアウト、又は壁の中心線の下描きのいずれかが不適切である	□ 用紙に図面が収まるようなレイアウトになっておらず、壁の中心線も適切に下描きしていない
2	壁 （壁厚）	□ 中心線からの振り分けにより、縮尺に応じた壁厚を適切な厚みで描いている	□ 部分的に、中心線からの振り分けにより、縮尺に応じた壁厚を適切な厚みで描いていない箇所がある	□ 全体的に、中心線からの振り分けにより、縮尺に応じた壁厚を適切な厚みで描いていない
3	柱	□ テンプレートを用いて適切なサイズで柱を描いている	□ 部分的に、柱を描いていない、又は柱のサイズが不適切な箇所がある（テンプレートが用いられていない場合も不可）	□ 全体的に、柱を描いていない箇所が多く、柱のサイズも不適切である（テンプレートが用いられていない場合も不可）
4	開口部 （端部）	□ 壁厚や建具の収まりを意識した開口部端部の位置取りと表現がなされている	□ 部分的に、壁厚や建具の収まりを意識した開口部端部の位置取りと表現がなされていない箇所がある	□ 全体的に、壁厚や建具の収まりを意識した開口部端部の位置取りと表現がなされていない
5	仕上げ （壁・開口部）	□ 壁と開口部の仕上げについて、太線と細線を使い分けて描いている	□ 部分的に、壁又は開口部の仕上げについて、太線と細線を使い分けて描いていない箇所がある	□ 全体的に、壁と開口部の仕上げについて、太線と細線を使い分けて描いていない
6	階段・建築設備等	□ 階段やキッチン、洗面化粧台、トイレ等の設備機器等を見え掛かり線で描いている	□ 部分的に、階段やキッチン、洗面化粧台、トイレ等の設備機器等のいずれかを見え掛かり線で描いていない箇所がある	□ 全体的に、階段やキッチン、洗面化粧台、トイレ等の設備機器等を見え掛かり線で描かれていない
7	造作家具	□ 造作家具、インテリアエレメント、外構、屋根やバルコニーのライン等を、線を使い分けて描いている	□ 部分的に、造作家具、インテリアエレメント、外構、屋根やバルコニーのライン等を、線を使い分けて描いていない箇所がある	□ 全体的に、造作家具、インテリアエレメント、外構、屋根やバルコニーのライン等を、線を使い分けて描いていない
8	室名・寸法等	□ 敷地境界線、寸法、方位等の線の使い分けや、下描きの字幅線を引いた丁寧かつ筆圧のある室名等の記入がなされている	□ 部分的に、敷地境界線、寸法、方位等の線の使い分けや、下描きの字幅線を引いた丁寧かつ筆圧のある室名等の記入が適切ではない箇所がある	□ 全体的に、敷地境界線、寸法、方位等の線の使い分けや、下描きの字幅線を引いた丁寧かつ筆圧のある室名等の記入が適切ではない
9	課題全体の完成度	□ 完成している （未完成な部分がほとんどない）	□ 部分的に未完成である （未完成な部分が一部ある）	□ 全体的に未完成である （半分以上が完成していない）
10	課題全体の美しさ	□ 用紙の汚れもなく、紙面全体が美しく仕上げられている	□ 部分的に汚れており、美しさへの配慮が少し不足している	□ 全体的に用紙の汚れが目立ち、美しさへの配慮が明らかに欠けている

3章

1/100 RC造複合ビルのドローイング

RC造ラーメン構造3階建てビルの平・立・断面図の製図法について解説する。
1階がカフェ、2階がオフィス、3階が住宅となる都市型の複合ビルである。東側道路面のファサードは、RC打ち放し、各階共にフルハイトとなるFIX開口、上階へのアクセス通路とバルコニーを構成する独立壁（パースでは水平ルーバーを装備している）が特徴となっている。

3.1 RC造（鉄筋コンクリート造）とは

一般に流通するごく基本的な構造としては木造以外に、RC造（鉄筋コンクリート造）とS造（鉄骨造）がある。このうちRC造は、ラーメン構造と壁構造に分類される。構造の考え方や技術は多様であり一意的に示せるものではないが、ここでは初学者が企画設計を行う際の基本となる考え方と寸法的な目安を示しておく。

1　RCラーメン構造

柱と梁で構成される構造形式である。柱を一定間隔で配置する必要があるが、外壁の位置が自由に設定できるので空間構成の自由度が高く、大開口も取りやすい。一方で、平面における柱型や断面における梁型が設計時の制約となりやすい。

なお、建築士試験では、柱の中心に外壁を付けるのが簡単なため推奨されているが、現実的な設計とは乖離している。そこで本書では、一般に通用するデザイン製図にこだわって、外壁面と柱の外面を合わせた計画例を示している。

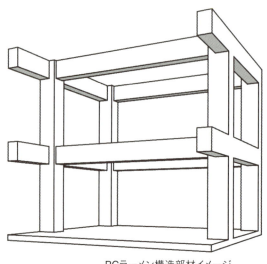

RCラーメン構造部材イメージ

柱のスパン（間隔）と、柱・梁の寸法の目安

①ラーメン構造の柱は、直交するグリッド上に配置する
②柱スパンは、見当として 5m 〜 10m
③柱寸法は柱スパンの 1/12 検討
④梁幅は柱寸法の 2/3、梁成は柱寸法より若干小さめで設定する
⑤壁厚 200，床厚 200 の見当で図面を表現する

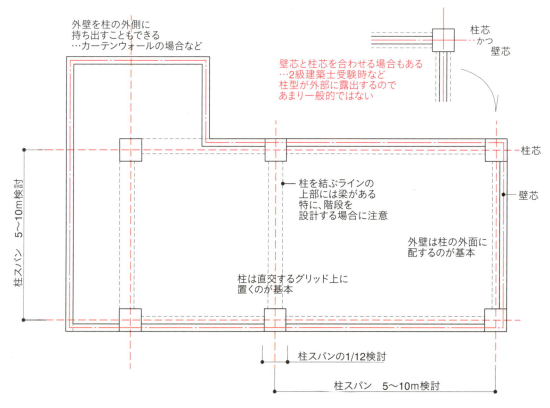

外壁を柱の外側に
持ち出すこともできる
…カーテンウォールの場合など

柱芯
かつ
壁芯

壁芯と柱芯を合わせる場合もある
…2級建築士受験時など
柱型が外部に露出するので
あまり一般的ではない

柱芯

壁芯

柱を結ぶラインの
上部には梁がある
特に、階段を
設計する場合に注意

外壁は柱の外面に
配するのが基本

柱スパン　5〜10m検討

柱は直交するグリッド上に
置くのが基本

柱スパンの1/12検討

柱スパン　5〜10m検討

RCラーメン構造プランの基本的考え方

2 RC 壁構造

壁面と床板で構成される構造形式である。大空間には適しておらず、木造のときと同様に耐力壁線区画で構造的に空間を分割する必要がある。平面における柱型や断面における梁型が出てこないため、小規模の建築の場合は計画がしやすいが、区画ごとに耐力壁を配置する必要があるので、開放的な大開口には不利な面がある。

① 1区画の大きさは≒30㎡以内
② 区画の各4辺の1/4位は耐力壁を配置する
③ 開口部の上部には壁梁（梁成≒50cm）が必要
④ 壁厚200、床厚200の見当で図面を表現する

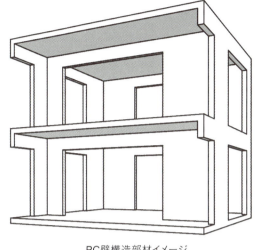

RC壁構造部材イメージ

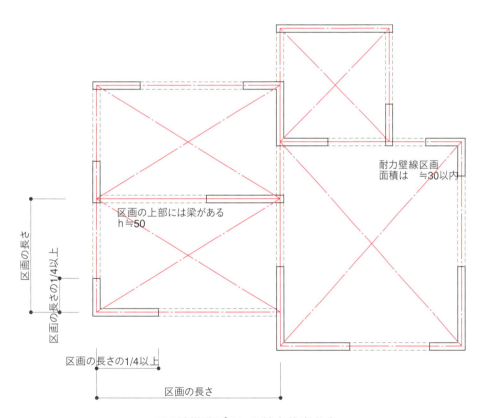

RC壁構造プランの基本的考え方

3 参考 S造（鉄骨造）ラーメン構造

RC造よりスパンが長くとれるうえ柱梁等の構造部材も小さい点で、平面計画の自由度は高い。現実には、用途、構造的性能、環境的性能、経済性等を考慮して各々の構造方式が選択されるので、詳しくは他の参考書などを参考にされたい。
S造ラーメン構造の場合も1/100の基本図レベルでは、ラーメン構造に準じた表現にて構わない。柱や梁の部材寸法は、概ねRC造の2/3位で想定すると良いであろう。

3.2 RC造複合ビルの平面図（2階）

1 中心線（通り芯）の下描き

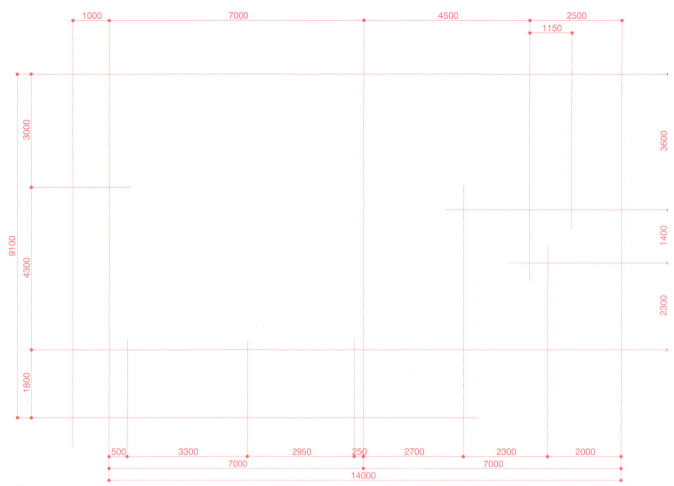

2 躯体の柱、壁厚の下描き

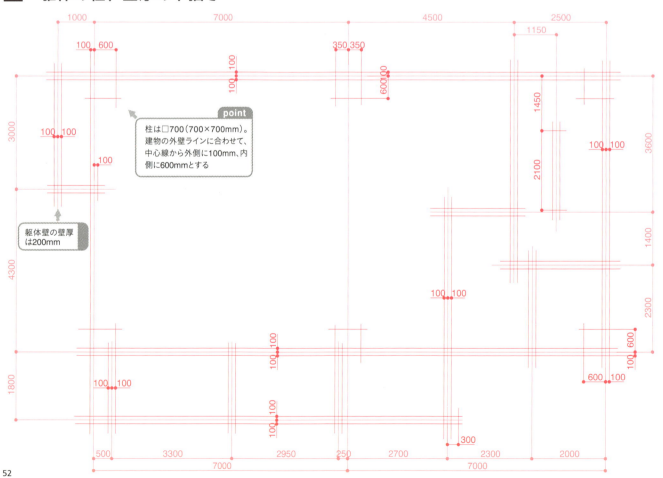

> **point**
> 柱は□700（700×700mm）。建物の外壁ラインに合わせて、中心線から外側に100mm、内側に600mmとする

> 躯体壁の壁厚は200mm

3 躯体の開口部分の断面の記入

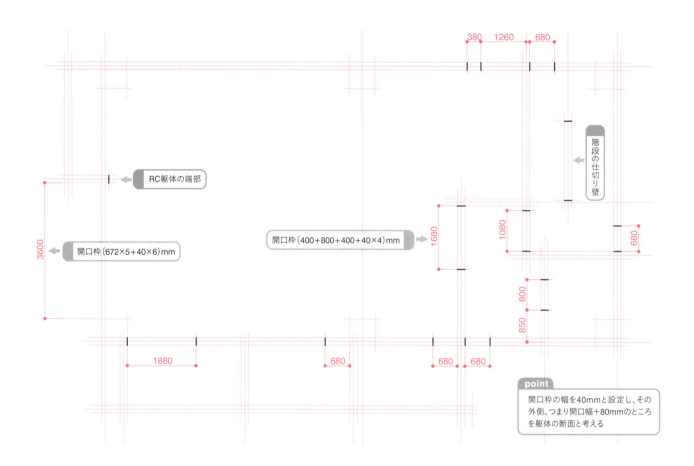

RC躯体の端部

階段の仕切り壁

開口枠（400＋800＋400＋40×4）mm

開口枠（672×5＋40×6）mm

380　1260　680

1680

1080

680

3600

800

850

1880　　680　　680　680

point

開口枠の幅を40mmと設定し、その外側、つまり開口幅＋80mmのところを躯体の断面と考える

1　中心線（通り芯）の下描き

用紙の適当な位置に図面が収まるようレイアウトして、壁の中心線を下描きする。

2　躯体の柱、壁厚の下描き

RC の躯体壁を 200mm に設定し、その半分の 100mm ずつを中心線の両側に振り分けて下描きする。柱は□ 700（700 × 700mm）に設定し、建物の外側を壁のラインに合わせて、中心線から外側に 100mm、内側に 600mm として位置を下描きする。

3　躯体の開口部分の断面の記入

①躯体の開口部分の断面を記入する〈太線〉。
②階段部分の独立壁、図面左上の躯体端部、図面下側の外部独立壁の端部も仕上げておく〈太線〉。

4 躯体の仕上げ

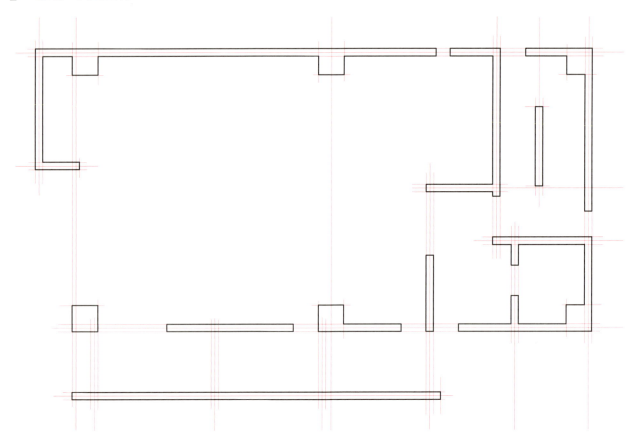

5 開口部、階段、ELV 等の記入

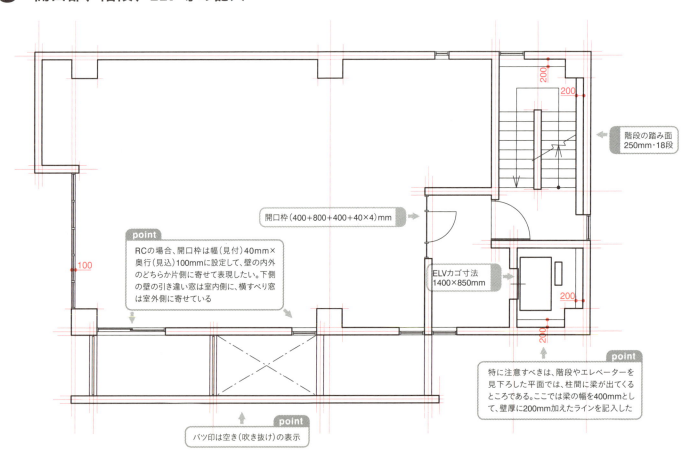

階段の踏み面
250mm・18段

開口枠（400＋800＋400＋40×4）mm

point

RCの場合、開口枠は幅（見付）40mm×奥行（見込）100mmに設定して、壁の内外のどちらか片側に寄せて表現したい。下側の壁の引き違い窓は室内側に、横すべり窓は室外側に寄せている

ELVカゴ寸法
1400×850mm

point

特に注意すべきは、階段やエレベーターを見下ろした平面では、柱間に梁が出てくるところである。ここでは梁の幅を400mmとして、壁厚に200mm加えたラインを記入した

point

バツ印は空き（吹き抜け）の表示

6 内部間仕切作壁、内部開口部の記入

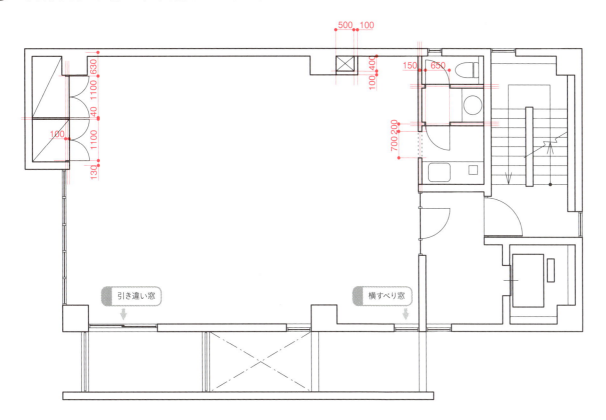

引き違い窓

横すべり窓

4 躯体の仕上げ

躯体の断面を記入する〈太線〉。

5 開口部、階段、ELV 等の記入

①開口部の枠と建具は断面なので〈太線〉、枠の下に見える見込を示すラインは見え
掛かりなので〈細線〉で記入する。

②階段の踏面〈細線〉、エレベーターかごを記入する〈太線〉。

③バルコニーの手すり、吹抜けの記号等も記入する〈細線〉。

6 内部間仕切作壁、内部開口部の記入

①内部間仕切り壁は、中心線を描き 100mm の壁厚を半分の 50mm ずつで振り分け ●━━
る〈下描き線〉。内部開口部の位置を決めたら、内部間仕切壁と開口部を同時に仕
上げていく〈太線〉。ドアの軌跡は〈細線〉で記入する。

②パイプシャフト（PS）〈太線〉、トイレ、ミニキッチン等の建築設備〈細線〉も記
入する。

RC の建物において、構造的に主要な壁は
RC で構築する（壁厚 200 で表現）。本設計
例では、外壁廻り、階段室、エレベーター
シャフト、専用部とエレベーターホールの
共用部を区切る壁である。一方で、その他
の内部間仕切壁は、木軸や軽鉄（LGS）下
地の壁とするのが一般的である（壁厚 100
で表現）。この両者の壁を明確に区別する
のが重要である

7 室名、寸法等の記入

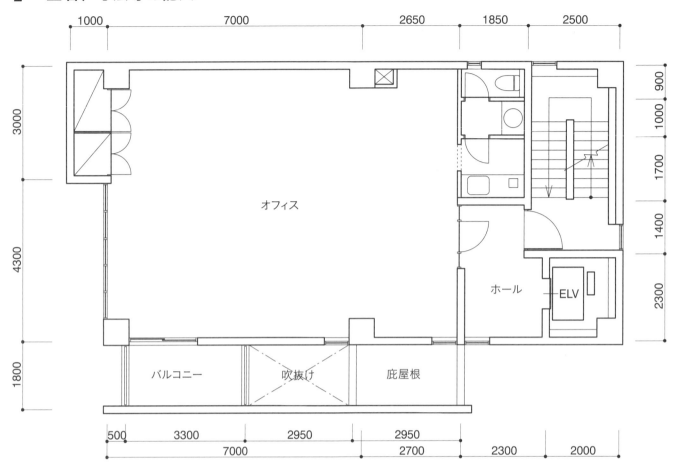

8 インテリアレイアウトの記入

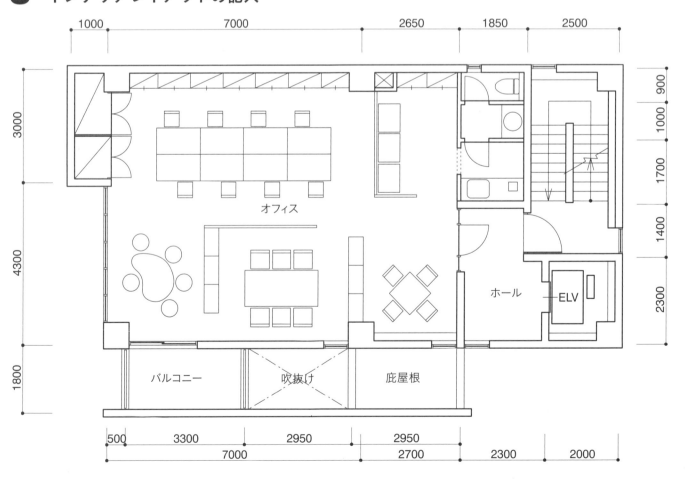

9 平面図のプレゼンテーション

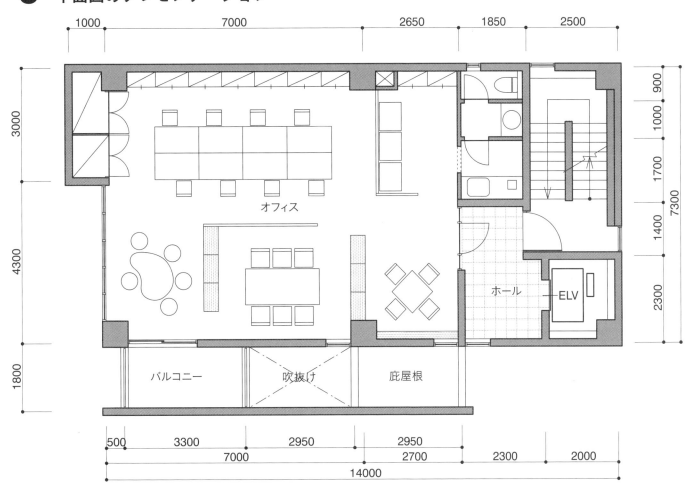

7 室名、寸法等の記入

①〈下描きの字幅線〉を引いて、丁寧かつ筆圧をかけて室名を記入する〈太線〉。

②寸法線〈細線〉と寸法〈太線〉を記入する。

各部の主要寸法や特に面積が算出しやすいよう留意して、寸法線を区切る

8 インテリアレイアウトの記入

建築の平面図としてはここまでで一応の完成である。これにインテリアレイアウトを示すことで、具体的な空間利用の様子を表現することも多い。

ここでは、オフィスの什器も建築工事に含むと想定して、そのレイアウトを表示する。これらはすべて、見え掛かり線なので、〈細線〉で記入する

9 平面図のプレゼンテーション

壁の内部を塗ると効果的である。床目地や家具天板のハッチング等で図面密度を高めたい。

3.3 1階配置平面図・3階平面図

1階配置平面図（1/100）

1階のテナントは、カフェをイメージしてデザインしている。計画的には、エントランス部分のたまり、客席の配置、カウンター〜キッチンの作業動線等を参考とされたい。上階部分へは、図面下側の外部通路を通ってエレベーターホールに至る動線となっている。このような都市型の建物を計画する場合、道路から共用部分に至る部分の位置関係や、階段とエレベーターの縦動線の配置が特に重要となる。

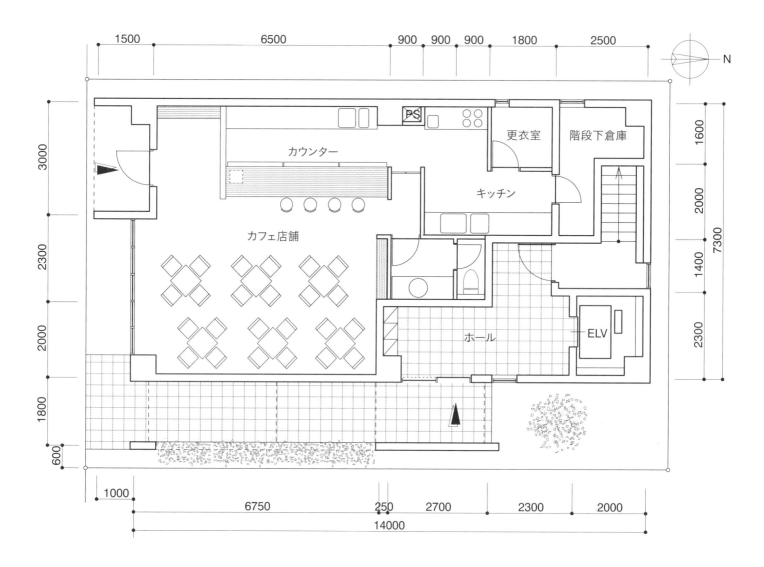

1階　配置平面図　SCALE＝1/100

3 階平面図（1/100）

3 階は、住宅としてデザインしている。戸建てではない住宅の計画においては、いかにして各居室に有効な外部開口を設けるかが最重要である。本例では、1 階の外部通路部分の上部を利用して、洋室のテラスサッシとバルコニーを実現している。畳コーナーは、LD の一部であり来客者の

寝室ともなり得るフレキシブルな空間である。また、初心者はどうしても玄関部分の設えがおろそかになりがちであるが、ポーチと土間部合わせて一定の広さが望まれる。本例のような SIC（シューズインクロゼット）も参考にされたい。

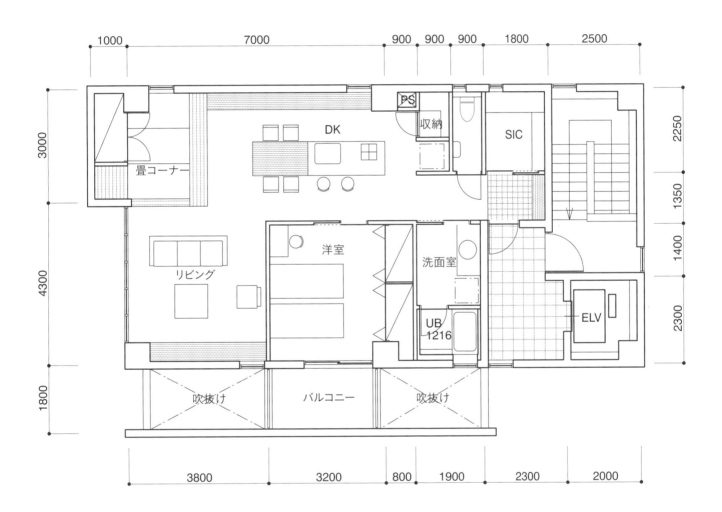

3階平面図　SCALE＝1/100

3.4 RC造複合ビルの断面図

1 高さの基準線と通り芯の下描き

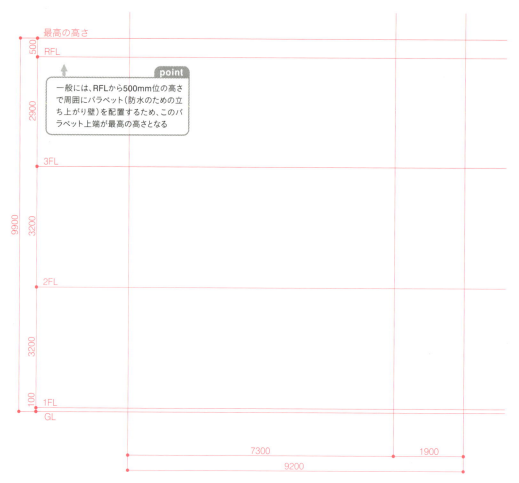

> **point**
> 一般には、RFLから500mm位の高さで周囲にパラペット（防水のための立ち上がり壁）を配置するため、このパラペット上端が最高の高さとなる

2 躯体の壁厚、床厚、梁断面の下描き

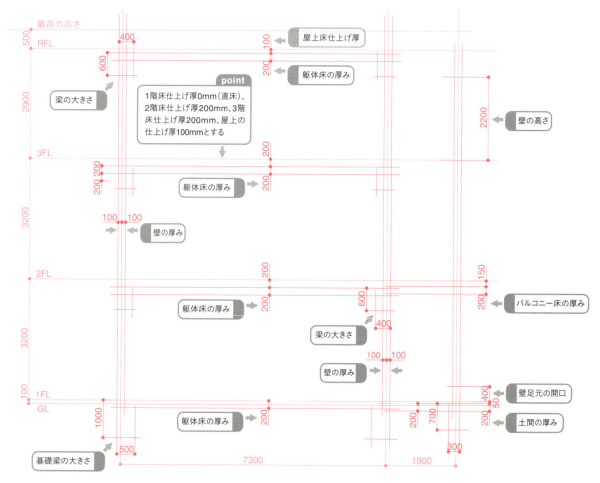

> **point**
> 1階床仕上げ厚0mm（直床）、2階床仕上げ厚200mm、3階床仕上げ厚200mm、屋上の仕上げ厚100mmとする

3 天井高（CH）、開口高の下描き

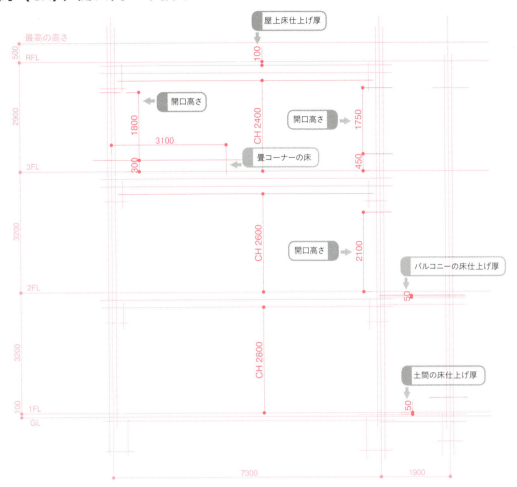

1 高さの基準線と通り芯の下描き

①用紙の位置決めをし、GL、1FL、2FL、3FL、RFL（屋上階床高）、最高の高さを下描きする。

②断面で示される**壁の中心線**を下描きする。合わせて、**バルコニーの独立壁**の中心線も下描きする。

2 躯体の壁厚、床厚、梁断面の下描き

①平面図と同様に、壁厚200mmを100mmずつ中心線の両側に振り分けて下描きする。

②床の躯体（スラブ）の厚みは200mmとするが、このスラブ厚以外に、床仕上げのラインを下描きする。

③梁断面も下描きする。

④バルコニー床、外部土間床、独立壁天端の高さ等、本体に付随する躯体部分も、図に示した位置に下描きする。

梁幅400mm×梁成600mmとして壁の外面と床スラブの上面に合わせた位置を下描きした。なお、基礎梁は、梁幅500mm×梁成1000mmに設定した

3 天井高（CH）、開口高の下描き

①各室の天井高と開口高を下描きする。

②畳コーナーの上り床、バルコニーやエントランス土間の仕上げラインも下描きする。

4 壁仕上げ線、開口部の仕上げ

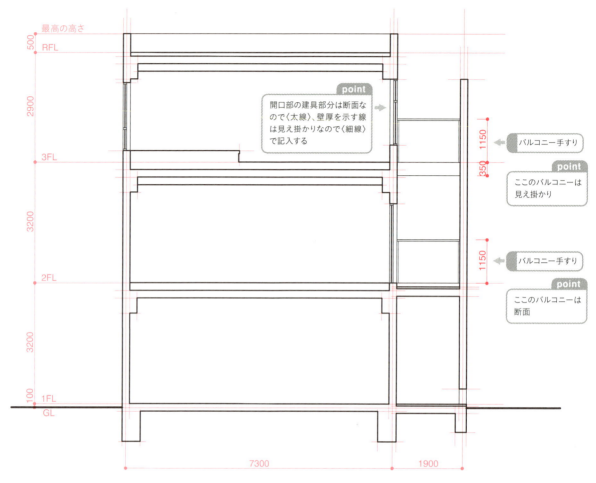

最高の高さ
500
RFL

開口部の建具部分は断面なので〈太線〉、壁厚を示す線は見え掛かりなので〈細線〉で記入する **point**

2900

1150

3FL

350

バルコニー手すり ←

point ここのバルコニーは見え掛かり

3200

1150

2FL

バルコニー手すり ←

point ここのバルコニーは断面

3200

100
1FL
GL

7300   1900

5 室名、各部寸法等の記入

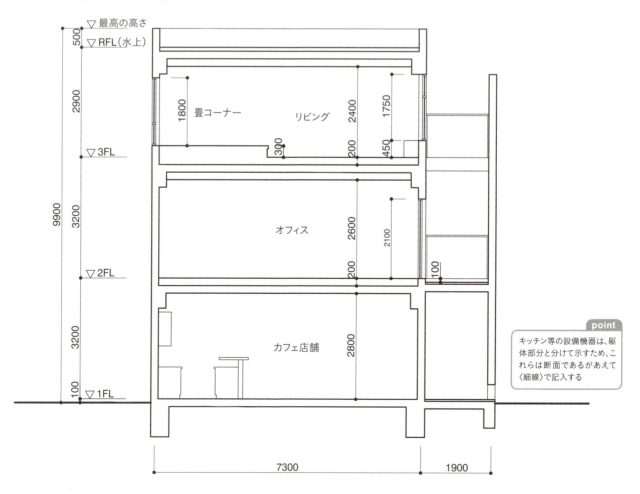

▽ 最高の高さ
500
▽ RFL（水上）

2900

1800
畳コーナー   リビング   2400   1750

▽ 3FL

300   200   450

9900   3200

オフィス   2600   2100

▽ 2FL

200   100

3200

カフェ店舗   2800

point キッチン等の設備機器は、躯体部分と分けて示すため、これらは断面であるがあえて〈細線〉で記入する

100
▽ 1FL

7300   1900

6 断面図のプレゼンテーション

1 章

2 章

3 章

4 章

▽ 最高の高さ
▽ RFL（水上）
畳コーナー
リビング
3FL
オフィス
2FL
カフェ店舗
1FL

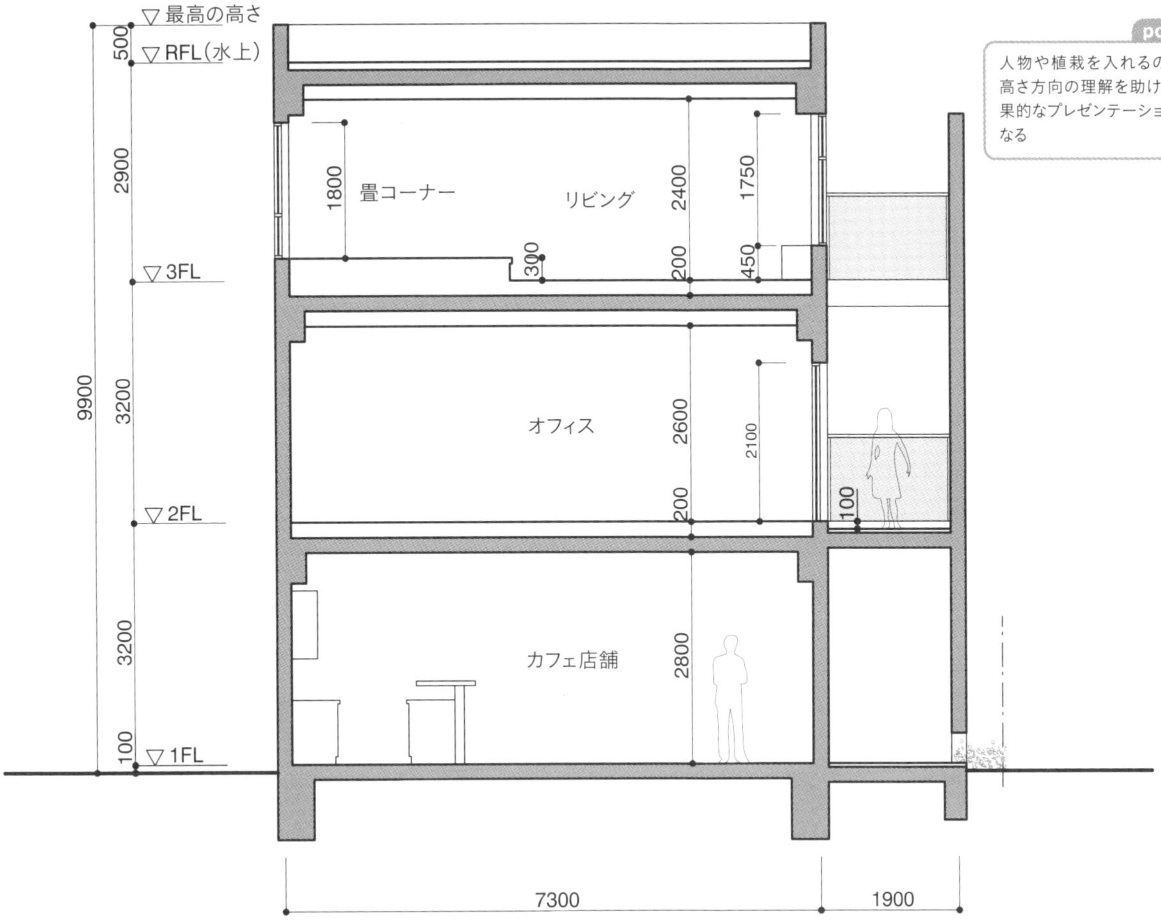

point

人物や植栽を入れるのも、高さ方向の理解を助ける効果的なプレゼンテーションとなる

4 壁仕上げ線、開口部の仕上げ

①壁の仕上げ線と開口部を一気に描く。壁の仕上げ線は断面なので〈太線〉で記入する。GL の断面は特に強調した線で示すと、メリハリある図面になる〈特別な太線〉。

②奥に見える 3 階のバルコニーの見え掛かりも、ここで記入する〈細線〉。

5 室名、各部寸法等の記入

①〈下描きの字幅線〉を引いて、丁寧かつ筆圧をかけて室名を記入する〈太線〉。

②断面の基本寸法である GL、1FL、2FL、3FL、RFL、最高の高さを記入する。寸法線は〈細線〉、寸法は〈太線〉で記入する。同様にして、各室の天井高と開口高も記入する。加えて、断面に現れる壁の位置の寸法も記入する。

③キッチン等の設備機器は省略しても構わないが、断面として現れる部分は記入しておくのが好ましい。

6 断面図のプレゼンテーション

断面図の場合、壁や天井裏等の躯体の切られた部分を塗るとメリハリある図面になる。

3.5 RC造複合ビルの立面図

1 高さの基準線と中心線の下描き

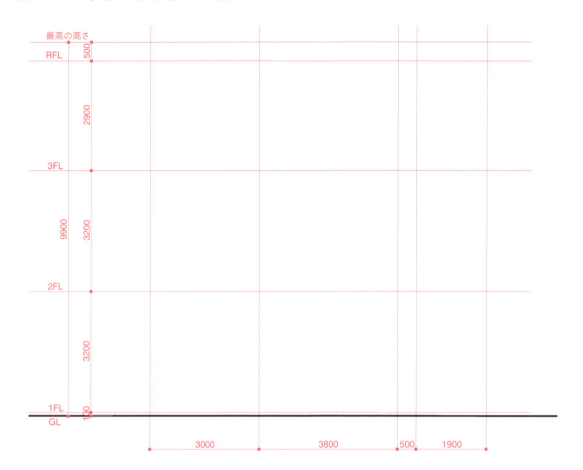

2 外形線の下描き

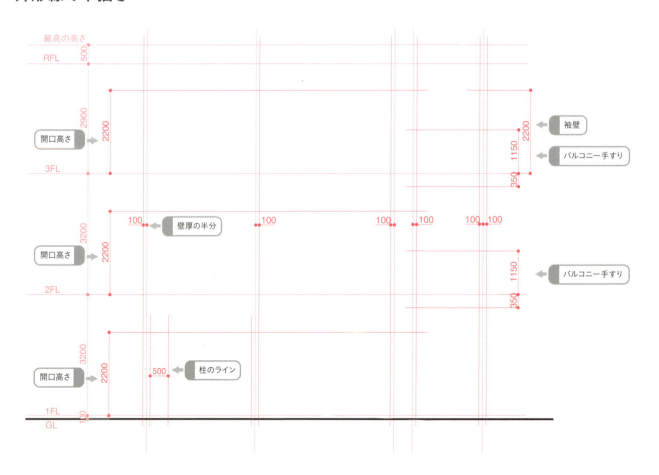

3 躯体部分の外形線の仕上げ

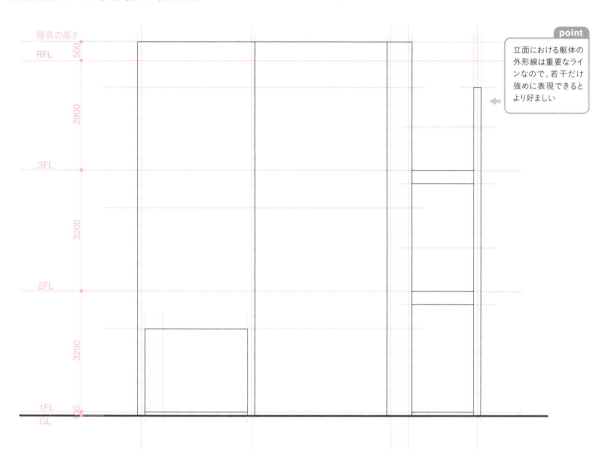

1
章

2
章

3
章

4
章

point

立面における躯体の
外形線は重要なライ
ンなので、若干だけ
強めに表現できると
より好ましい

1 高さの基準線と中心線の下描き

①断面図と同様に、用紙の位置決めをしたら、まず初めに GL を強調した線で記入
する〈特別な太線〉。続けて、1FL、2FL、3FL、RFL、最高の高さを下描きする。

②主要な壁の中心線を下描きする。あわせて、バルコニーの手すり壁位置の中心線
も下描きする。

2 外形線の下描き

①外形を示す位置として壁厚200mm の半分の100mm を中心線の外側に下描きする。

②各階の開口高さのラインを下描きする。

③バルコニー床と手すりの外形ラインや 1 階柱の見え掛かりラインを下描きする
〈下描き線〉。

3 躯体部分の外形線の仕上げ

躯体部分の外形線を仕上げる。理屈上は見え掛かり線なので〈細線〉で描くのが基
本である。

4 開口部、その他見え掛かり線の仕上げ

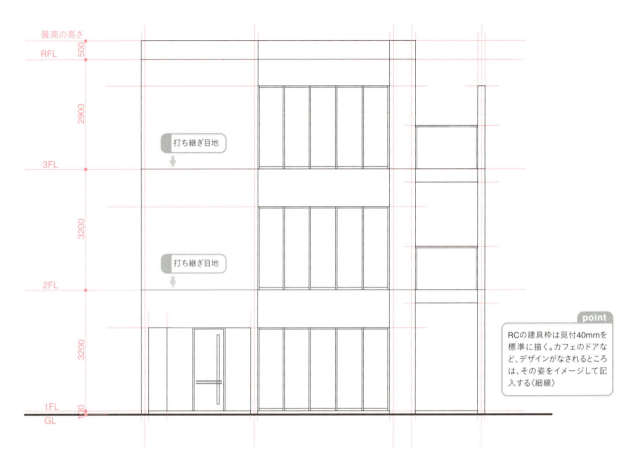

打ち継ぎ目地

打ち継ぎ目地

5 各部寸法等の記入

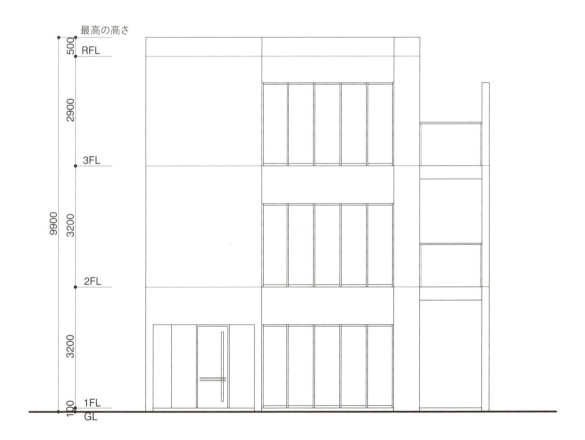

6 立面図のプレゼンテーション

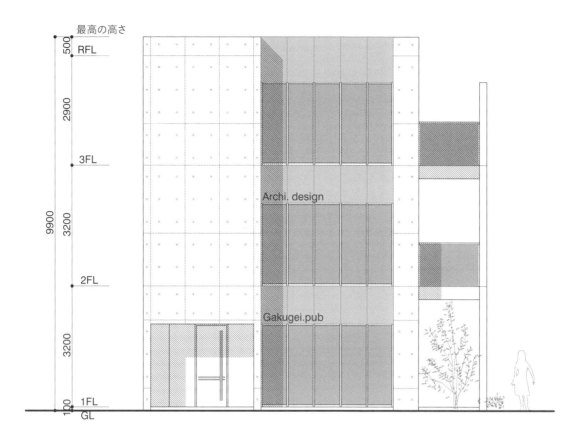

4 開口部、その他見え掛かり線の仕上げ

①立面に現れる開口部の外形を下描きし、続けて開口枠、建具枠の順に記入して仕
上げる〈細線〉。

②各階の FL の位置には、コンクリート打ち継ぎの目地を記入する。その他、バルコ
ニー手摺等の見え掛かりを記入する〈細線〉。

5 各部寸法等の記入

GL、1FL、2FL、3FL、RFL、最高の高さを記入する。寸法線は〈細線〉、寸法は〈太
線〉で記入する。

6 立面図のプレゼンテーション

立面図の場合、建物の凹凸に合わせた影をつけるのも立体感を増す。開口部のガラ
ス部分を塗ると表現豊かな図面になる。 ●──────── コンクリートの打ち放し部分のパネル目地
と P コン穴、各階の開口間の金属パネル等
を表現している。加えて、人物・植栽・車
等の点景を表現するのも効果的である

3.6 その他 RC造の参考図

南北断面図（1/100）

RC造の断面の場合、スラブと梁の構造躯体に加えて、床と天井の仕上げ位置を示す場合が一般的なので、木造よりも表現が複雑となる。本図でも、天井裏200、スラブ厚200、床下200のそれぞれのラインを太線で示している。なお初心者は、梁型を記入漏れするミスが多いが、これは計画に大きく影響するので特に注意したい。

本例のデザイン的には、都市部の立地を想定して1階店舗・2階事務所・3階住宅ともに、道路側は床から梁下までのフルハイトの開口としている。

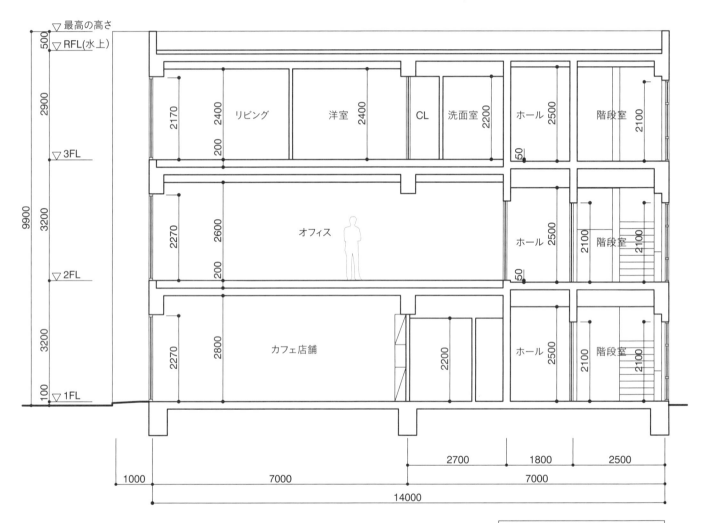

南北断面図　SCALE＝1/100

矩計図（1/50）

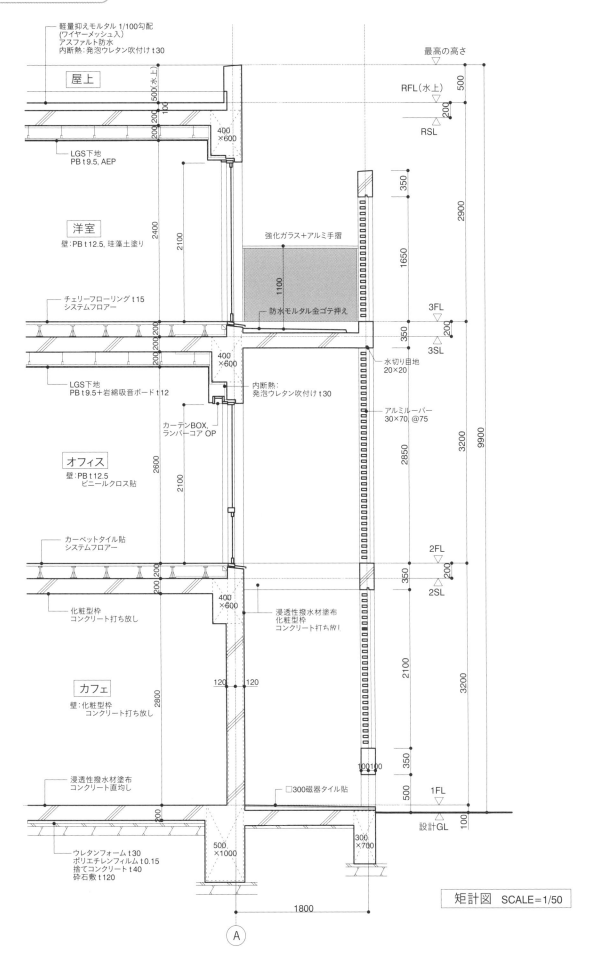

軽量抑えモルタル 1/100勾配
（ワイヤーメッシュ入）
アスファルト防水
内断熱：発泡ウレタン吹付け t30

屋上

最高の高さ

RFL（水上）

500

RSL

200

400
×600

LGS下地
PB t 9.5, AEP

350

洋室

2900

壁：PB t 12.5, 珪藻土塗り

強化ガラス＋アルミ手摺

2400

2100

1650

1100

チェリーフローリング t15
システムフロアー

防水モルタル金ゴテ押え

3FL

350

3SL

200

400
×600

水切り目地
20×20

LGS下地
PB t 9.5＋岩綿吸音ボード t12

内断熱：
発泡ウレタン吹付け t30

アルミルーバー
30×70, @75

カーテンBOX,
ランバーコア OP

オフィス

2600

2100

3200

2850

9900

壁：PB t 12.5
ビニールクロス貼

カーペットタイル貼
システムフロアー

2FL

350

2SL

200

400
×600

浸透性撥水材塗布
化粧型枠
コンクリート打ち放し

化粧型枠
コンクリート打ち放し

120   120

3200

2100

カフェ

2800

壁：化粧型枠
コンクリート打ち放し

350

浸透性撥水材塗布
コンクリート直均し

□300磁器タイル貼

100100

500

1FL

設計GL

100

200

ウレタンフォーム t30
ポリエチレンフィルム t0.15
捨てコンクリート t40
砕石敷 t120

500
×1000

300
×700

矩計図　SCALE＝1/50

1800

Ⓐ

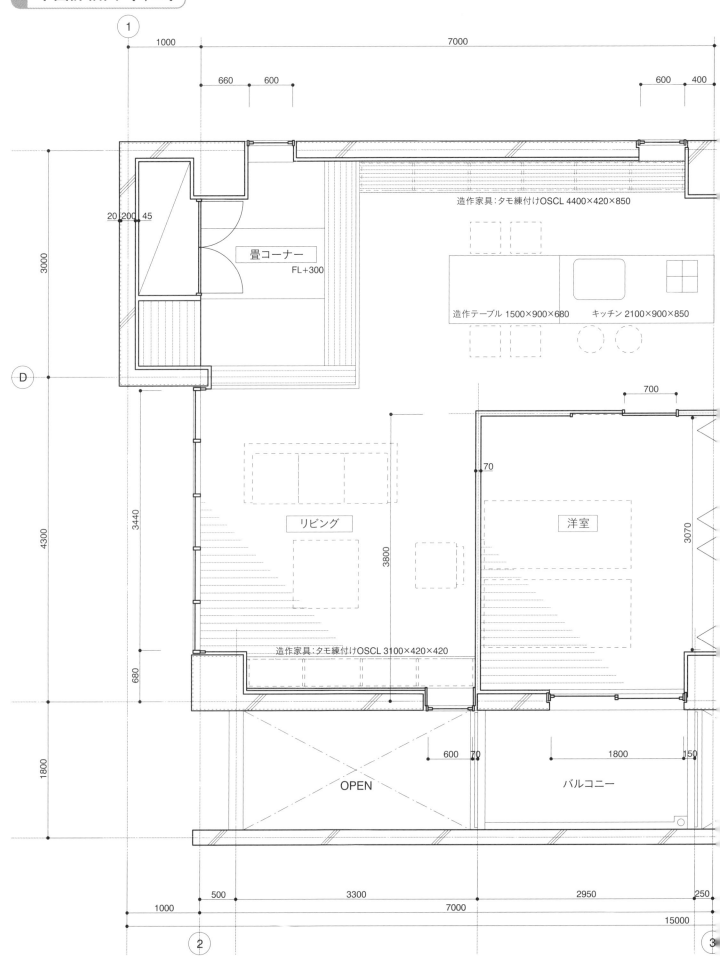

畳コーナー
FL+300

造作家具：タモ練付けOSCL 4400×420×850

造作テーブル 1500×900×680　キッチン 2100×900×850

リビング

洋室

造作家具：タモ練付けOSCL 3100×420×420

OPEN

バルコニー

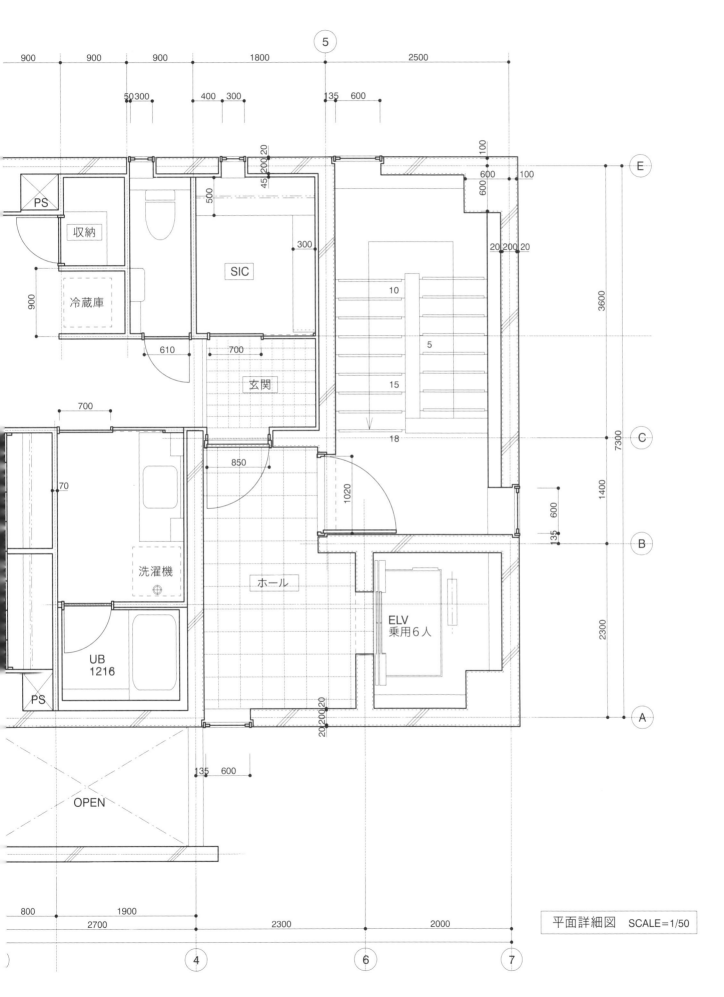

900　900　900　1800　5　2500

50 300　400　300　135　600

PS

収納

冷蔵庫

SIC

玄関

610　700

900

300

500

45 200 20

E

20 200 20

3600

10

5

15

18

7300

C

1400

135 600

B

600

700

70

洗濯機

ホール

UB
1216

ELV
乗用6人

PS

20 200 20

A

2300

1020

850

135 600

OPEN

800　1900

2700　2300　2000

4　6　7

平面詳細図　SCALE＝1/50

最初から完璧なルーブリックをつくることは非常に難しい。

何度も使って、少しずつ評価シート自体が改善され精度を高められるのがルーブリックの良いところだ。しかし裏を返せば、"良い"ルーブリックができるまでには多くの時間を要するのである。本書では、ルーブリックの作例を付けているが、ここから自分なりにぜひ改善をしていってほしい。

学習者もまたルーブリックは改善しうるものだという意識を持つとよい。学習者の習熟度に合わせた評価観点や評価基準、重み付けの改良がひと段落するまで、少なからず試行錯誤の時期はあると理解し、学習者の立場からも特に足りない評価観点があったら積極的に採点者に伝えよう。

以下に、RC造複合ビルの断面図をトレースする場合のルーブリックを挙げた。p.22の平面図と評価観点や評価基準は似ているが、平面図と断面図でマスターしてもらいたい内容が多少異なるため、いくつかの変更を加えている。

表題: 「断面図のルーブリック」　　出席番号　　　　　氏名

課題：作品「RC造複合ビル」を事例として、断面図をトレースする。作図手順に従い、段階的に図面を仕上げていく。但し、素早く正確に、且つ綺麗に仕上げること。

NO.	評価観点	評価尺度		
		評価A	評価B	評価C
1	高さの基準線・通り芯　　コメント	□ GLや各階FLの基準線、壁の中心線（独立壁含む）をきちんと下描きしている	□ GLや各階FLの基準線、壁の中心線（独立壁含む）の下描きのいずれかが不適切である	□ GLや各階FLの基準線、壁の中心線（独立壁含む）のほとんどを適切に下描きしていない
2	壁（壁厚）床・スラブの厚み　　コメント	□ 縮尺に応じた壁厚や、床・スラブの厚みが確保されており、適切に描かれている	□ 部分的に、縮尺に応じた壁厚や、床・スラブの厚みが確保されていない、又は適切に描かれていない箇所がある	□ 全体的に、縮尺に応じた壁厚や、床・スラブの厚みが確保されておらず、適切に描かれていない
3	梁（梁幅・梁成）　　コメント	□ 縮尺に応じた梁幅や梁成が確保されており、適切な位置に描かれている	□ 部分的に、縮尺に応じた梁幅や梁成が確保されていない、又は適切な位置に描かれていない箇所がある	□ 全体的に、縮尺に応じた梁幅や梁成が確保されておらず、適切な位置に描かれていない
4	天井高（CH）・開口高　　コメント	□ 各室の天井高や開口高が確保されており、適切に描かれている	□ 部分的に、天井高が確保されていない、又は開口高が確保されておらず、適切に描かれていない箇所がある	□ 全体的に、天井高や開口高が確保されておらず、適切に描かれていない
5	仕上げ（壁・開口部）　　コメント	□ 壁と開口部の仕上げについて、太線と細線を使い分けて描いている	□ 部分的に、壁又は開口部の仕上げについて、太線と細線を使い分けて描いていない箇所がある	□ 全体的に、壁と開口部の仕上げについて、太線と細線を使い分けて描いていない
6	室名・寸法等　　コメント	□ 敷地境界線、寸法等の線の使い分けや、下描きの字幅線を引いた丁寧かつ筆圧のある室名等の記入がなされている	□ 部分的に、敷地境界線、寸法等の線の使い分けや、室名等の記入が適切ではない箇所がある	□ 全体的に、敷地境界線、寸法等の線の使い分けや、室名等の記入が適切ではない
7	課題全体の完成度　　コメント	□ 完成している（未完成な部分がほとんどない）	□ 部分的に未完成である（未完成な部分が一部ある）	□ 全体的に未完成である（半分以上が完成していない）
8	課題全体の美しさ　　コメント	□ 用紙の汚れもなく、紙面全体が美しく仕上げられている	□ 部分的に汚れており、美しさへの配慮が少し不足している	□ 全体的に用紙の汚れが目立ち、美しさへの配慮が明らかに欠けている

4章

プレゼンテーションのテクニック

デザインした空間を他者に伝えるテクニックを詳しく解説する。
──アイソメ図の描き方や透視図法によるパース手順を簡易図
法で徹底図解。さらにプレゼンテーションを重視し、模型
製作・写真撮影や図面レイアウトなど。

4.1 1/200 の図面表現

1/100 の図面と異なり、1/200 の図面はより大規模な建築の
設計や、建築を取りまく環境を表現するのに適している。
当然ながら、縮尺の違いに応じて図面表現の意図も異なる
ので、さまざまな工夫が必要となる。

参考事例
京都橘大学現代ビジネス学部都市環境デザイン学科
2016 年度建築インテリア設計演習VI課題
「庭とともに暮らす・岡崎の集合住宅」
2017 年度卒業生　大森俊亮さんの作品

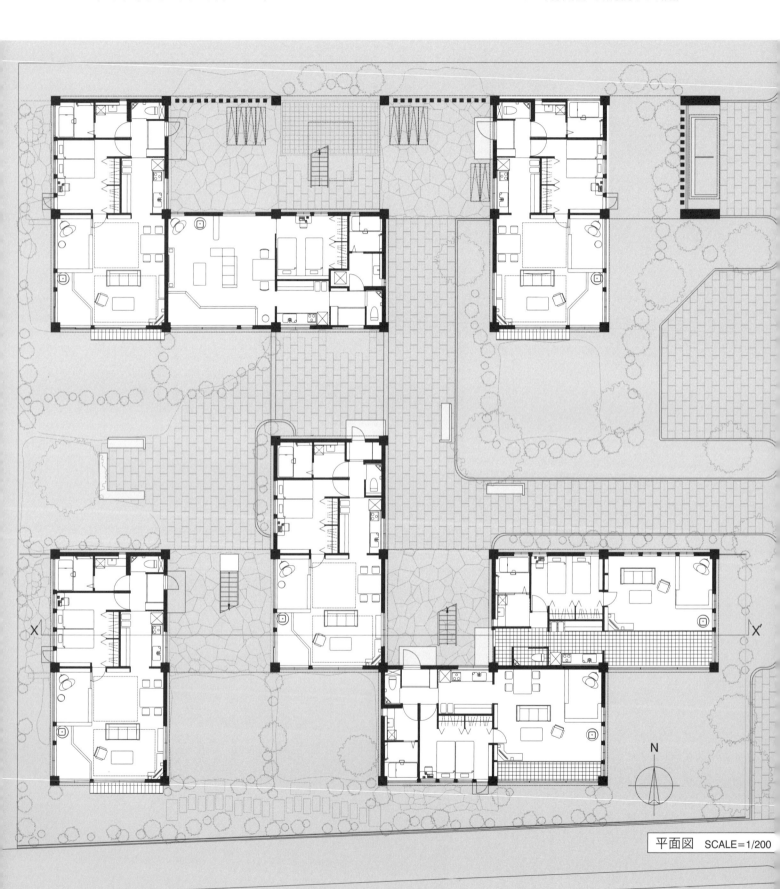

平面図　SCALE＝1/200

これは、集合住宅の設計課題への提案例である。住戸どうしの関係や、住戸の内外、共用部分と住戸部分との違いを、図面上で細やかに表現していることが読み取れるだろう。1/200 の図面は、敷地における建物の配置や、建物と外構（舗装や庭の植栽等）、外構と敷地周辺との関係を表現するため、図面の情報量は多くなる。1/100 の図面ほど細かい寸法や納まりは描けないが、建物全体の構成や諸室の配置、動線等、平面計画をよく示すのが特徴といえる。気を付けたいのは、1/100 の図面をそのまま 1/200 の縮尺に変えても、細かい部分は線が潰れて見えにくくなる場合が多いことだ。縮尺に合わせ、適度に表現を簡略化して見やすさを心がけよう。

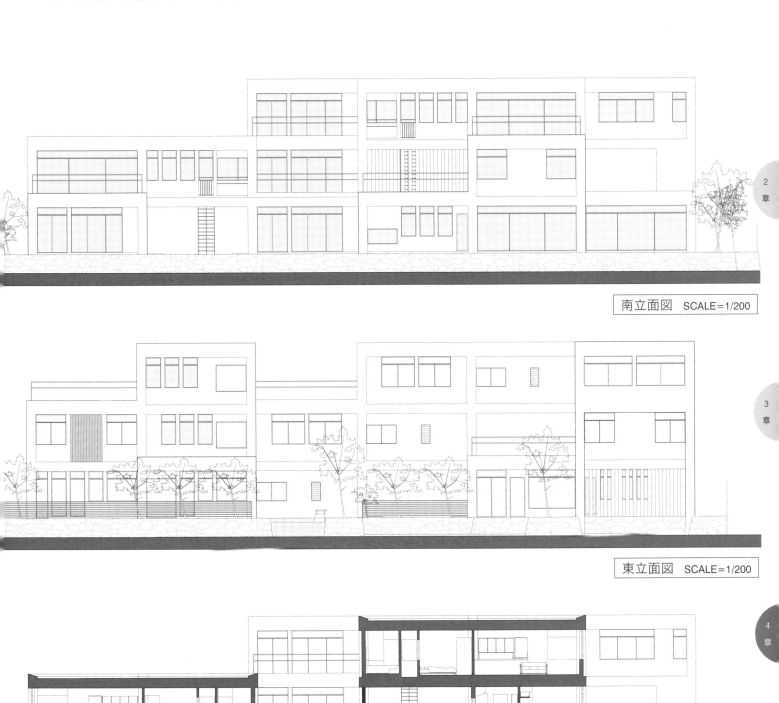

南立面図　SCALE＝1/200

東立面図　SCALE＝1/200

X-X' 断面図　SCALE＝1/200

4.2 建築の立体表現

1 立体表現のねらい

本書でこれまで取り扱ってきたのは、建築の大きさを正しく平面的に表現した平面図・立面図・断面図であった。これらの図は立体を平面に投影した正投影図と呼ばれ、実際の建築の見え方とは異なる。建築の立体としてのプロポーションや、周辺環境の中でどのように見えるのか、内部空間の大きさなどを検討するには、建築を立体的に表現する必要がある。以下では、いくつかの立体表現の図法とそれぞれの特徴を紹介し、その描き方について説明する。

2 立体表現図法の種類

（1）軸測投影図法（アクソノメトリック　通称アクソメ）

軸測投影図法とは、建築の高さ・幅・奥行きを一平面上に表す図法で、直角に交わる3直線を基準にしたものである。この図法では、互いに平行な2直線は平行に作図する。たとえば、下図はどちらも直方体（幅4・奥行5・高さ3）を軸測投影図法で表現したものだが、ここでは直方体の各辺の長さがそのまま適用されていることがわかる。一般的に「アクソメ」と呼ばれるこの図法は、上面が平面図と同じように描かれる。建築のプロポーションを保ちながらも立体的な表現を可能とする図法ではあるが、多少見え方が不自然となることに注意しなければならない。

（2）等角投影図法（アイソメトリック　通称アイソメ）

直角に交わる3直線が互いに120°で交わる軸と考え描いたものを、等角投影図法（アイソメトリック）という。この図法では上面が歪んで描かれるが、立体として見やすいことが特徴である（p.78に詳しい）。

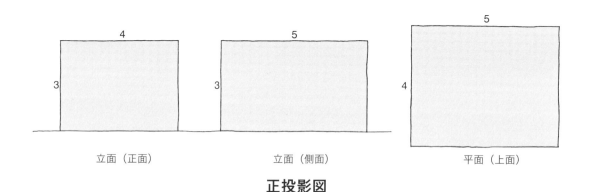

立面（正面）　　　　立面（側面）　　　　平面（上面）

正投影図

平面の形状は保持される（四隅は直角）

平面の形状は歪む

120° 120° 120°

アクソメ　　　　　**アイソメ**

（3）透視図法（パースペクティブ　通称パース）

透視図法は、立体が実空間において、人間の目にはどのように見えるのかを、幾何学的に表現したものである。この図法は遠近法とも呼ばれ、手前にあるものを大きく、奥にあるものを小さく描くことで、視覚的な効果を得る。実空間では互いに平行な複数の直線を、ある1点で交わるよう

に描く（p.80）。この点は消点（または消失点）と呼ばれ、透視図法では1〜3の消点を用いて作図する。ここでは、よく利用される1消点透視図法と2消点透視図法の描き方についてふれる。

1消点透視図法

1消点透視図法では、まず視点の前に「画面」があるとする。この画面に対し"平行な"水平線は画面上でも水平線として描かれ、画面に対して"垂直に"交わる直線は1つの消点に収束する放射線状に描かれる。建物の正面を強調するような外観パースや、奥の壁と正対するような構図のインテリアパースなどに用いる。以下のデューラーの木版画は、1消点透視図を描く画家の姿を描写したものだが、この絵自体も1消点透視図であることに注目してほしい。

アルブレヒト・デューラー〈『透視図法の四態』裸婦を描く〉制作年不詳

2消点透視図法

2消点透視図法は、視点前の「画面」に対して、角度のついた立体を表現するのに適した図法である。2つの立面の連続性を見せる外観パースや左右に広がりのあるインテリアパースなどに適している（p.86に詳しい）。

3　その他（斜軸測図・3消点透視図）

（1）斜軸測図

立体の正面（または上面等）を画面と平行に置き、側面を斜めに傾斜させて立体的に表現する方法。特に傾斜角度が45度の図はキャビネット図と呼ばれる。

（2）3消点透視図

2消点透視図の描き方を発展させ、垂直方向の遠近感を出すために垂直線を上下のどちらかに設定した3つ目の消点に向けて放射状に描く方法。高層ビルなど、遠近感がより強い巨大な建築物の表現に適している。

斜軸測図（キャビネット図）

3消点透視図

4 アイソメの描き方

ここでは2章で作図したRC造複合ビルを、アイソメを用いて表現する。

①原点と、それを通る幅・奥行・高さの各方向に対応する 3本の軸（点線）を、互いに120°の角度になるように設 定し、建物の隅が原点に位置するように外形を大まかに 描く。幅・奥行・高さは縮尺（ここでは1/300）を考慮する。

②平面図と立面図を元に建物の形状を整える。ここでも3 軸方向に縮尺に応じた寸法を測って作図する。

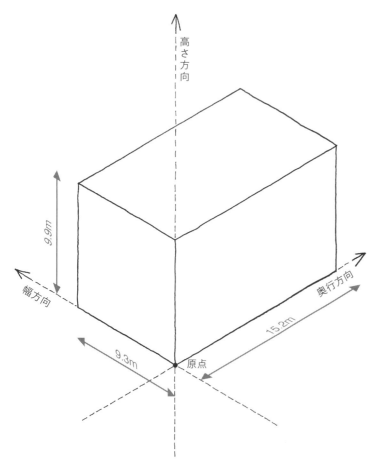

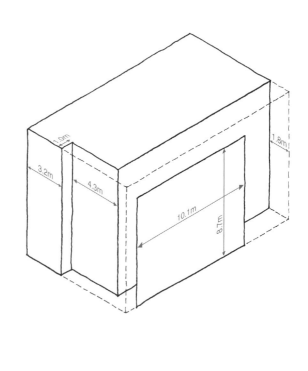

③屋上や壁の厚みなど建物の細部の立体的な表現を加える。

④立面図を元に開口部や外装の目地等の表現を描き加えれ ば、完成。

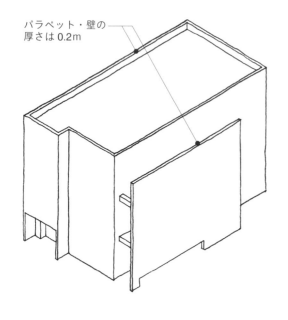

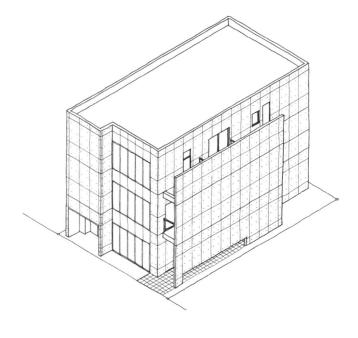

78

アイソメは建物の立体的な構成を表現するのに適している。この図では、各階の間取りがわかるよう、建物を分解して描いている。これが1つ描けたら、見る人に建物全体の構成を十分伝えることができるだろう。

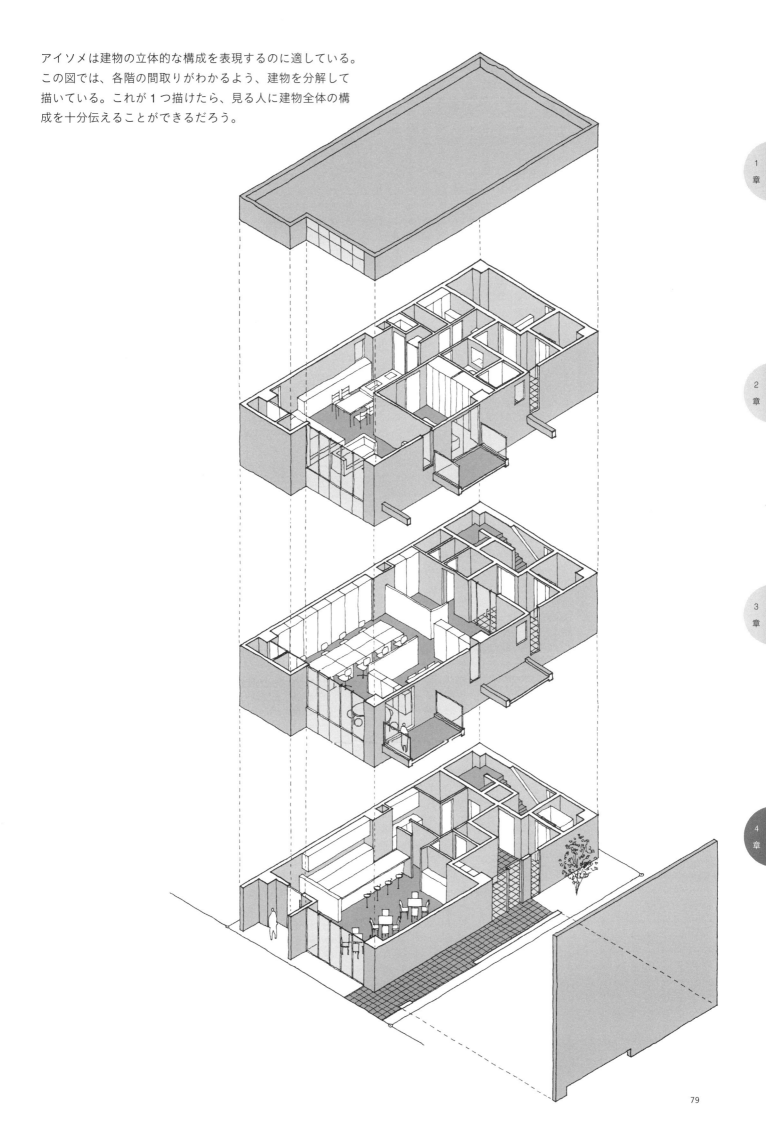

5 1消点透視図法を理解するために

まず1消点透視図法を理解するために不可欠な、3次元空間（立体的な空間）に存在する3種類の直線について説明しよう。そのためにはあらかじめ「視点（眼の位置）」と「視線の方向」を明確にすることが必要である。

> 3種類の直線とは、以下の○△□である。
> ○：水平面に対して平行に伸び、かつ、「視線の方向」と直角に交差する直線（＝水平な直線）
> △：平らな地面（または床など）と垂直に交わる直線（＝垂直線）
> □：「視点」の手前から奥へと伸びる直線（＝「視線の方向」と平行な直線）

1消点透視図法において、○は水平な直線として平行に描き、△は垂直な直線としてこれも垂直に描くが、□は「視線の方向」の延長上にある消点 v（vanishing point）に向かって収束する直線として描く。

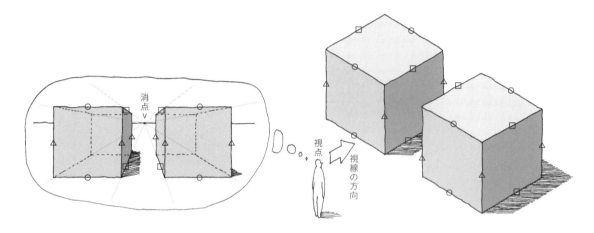

6 簡易1消点透視図法による内部空間の描き方

厳密な1消点透視図を作図するためには多くの補助線を引いたり、視点や画角等の設定が煩雑だったりするので、ここではシンプルなインテリアパースを描くのに適した「簡易」1消点透視図法について解説する。

①簡易1消点透視図法を用いたインテリアパースでは、まず、内側にグリッド（方眼）が描かれた箱を想定する。この説明では、底面と上面が正方形の箱とする。

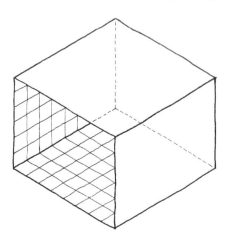

②箱の中を横から覗くと図のようになる。この遠近感のあるグリッドを利用するのがこの図法の特徴である。

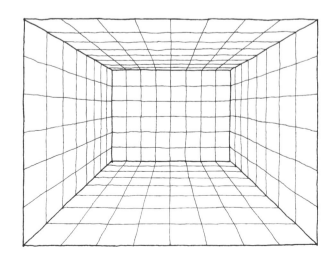

③部屋の幅（内法）と高さ（天井高）の比に応じた外枠を
描く。この外枠は縮尺（1/50 や 1/100 など）を考慮する
と後の作図が容易となる。天井高に対して視点の高さの
レベルに補助線として水平線 HL を引き、中央あたりに
消点 v を設定する。

④次に奥の壁の四隅を、消点と外枠の角とを結ぶ線上に設
定する。この奥の壁を、外枠に対して小さく描くとパー
スの奥行感が強く（深く）なり、大きく描くとパースの
奥行感が弱い（浅い）画となるので注意したい。目安と
して外枠の 1/3 〜 1/2 程度がよい。

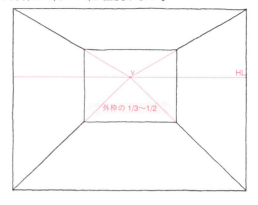

⑤先ほど描いた奥の壁にグリッドを描く。このとき方眼の
1 マス分の大きさを確認しておく（ここでは 400mm）。

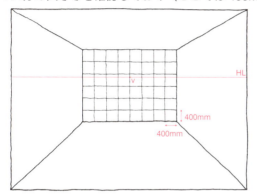

⑥天井と床に、「視線の方向」と平行な直線を描き入れる。
消点からグリッドの端を通る放射線をイメージして描く。

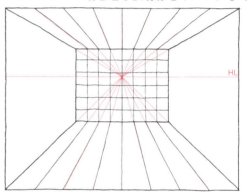

⑦補助線として、床と天井を構成する台形にそれぞれ対角
線を引く。

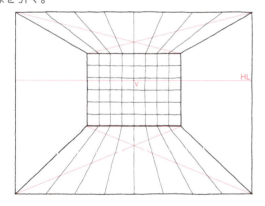

⑧この対角線と⑥で描いた放射状の線との交点を元に「視
線の方向」と直交する水平な直線を床と天井に描く。

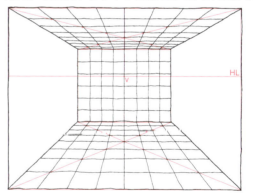

⑨側面の壁のグリッドについても、天井と床に描いたグリ
ッドを元に描けば、ひとまず完成。

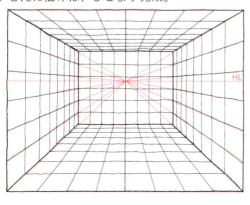

⑩この遠近感のあるグリッドに囲まれた空間では、1 マス
の大きさが図上で共通。

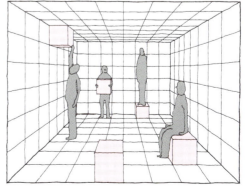

同じ大きさのものは奥に行くほど小さく描かれることに
注意。（赤い立方体はどれも 1 辺 400mm）。

ここでは1章で作図した木造住宅のダイニングとリビングを題材として、簡単な1消点透視図法によるインテリアパースの作図方法について説明する。前ページで解説したグリッドを用いた図法を応用しながら、インテリアを構成する家具や開口部の寸法を簡単に反映できる描き方である。

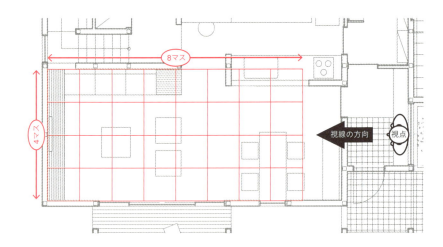

〈パースを描くための準備〉

ダイニング越しにリビングを眺めるインテリアパースを想定する。まず、パースに描く範囲をグリッドで表してみた（左図の赤線部分）。右端の人物が「視点」のおおよその位置で、矢印が「視線の方向」である。パースで描く範囲を8×4マスのグリッドと設定すると、1マスの大きさは約900mmとなる。

① 「視点」から部屋を眺めた場合、部屋の幅はおよそ3.6m、天井高は2.4mなので、パースの外枠を、幅：縦＝3：2の比率の長方形として描く。下図の外枠は、幅18cm・縦12cmであり、実際の部屋の幅と天井高に対して1/20の縮尺とした。さらにその中央付近に消点vを設定する。

消点の高さは天井高2.4mに対して1.5mくらい（成人男性の目の高さ）の位置とすると良い。次に、奥の壁を設定する。このパースでは奥行を感じる画にしたいので、外側の枠の1/3の大きさとした

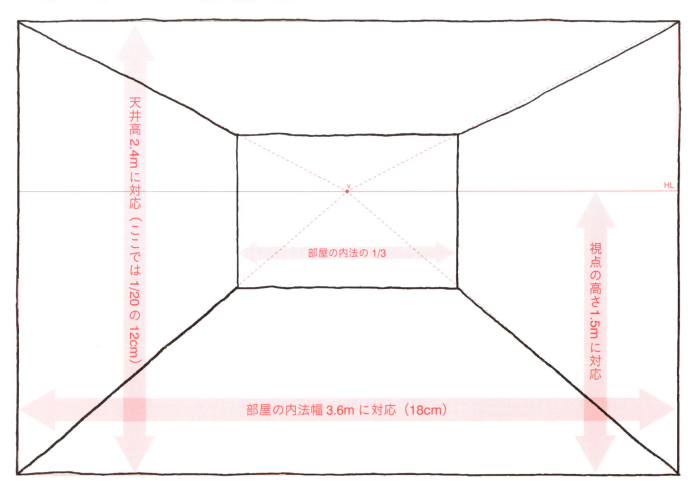

②平面図上で設定した 8 × 4 マスのグリッドを床に描く。

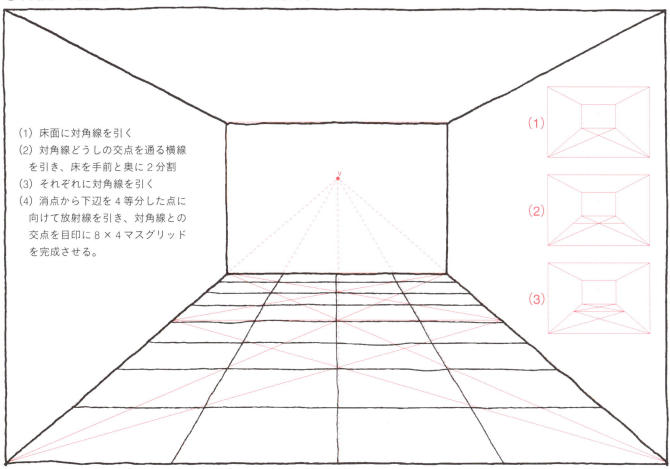

（1）床面に対角線を引く
（2）対角線どうしの交点を通る横線
　　を引き、床を手前と奥に 2 分割
（3）それぞれに対角線を引く
（4）消点から下辺を 4 等分した点に
　　向けて放射線を引き、対角線との
　　交点を目印に 8 × 4 マスグリッド
　　を完成させる。

(1)
(2)
(3)

③側面の壁に開口部・キッチン壁などを表現する。

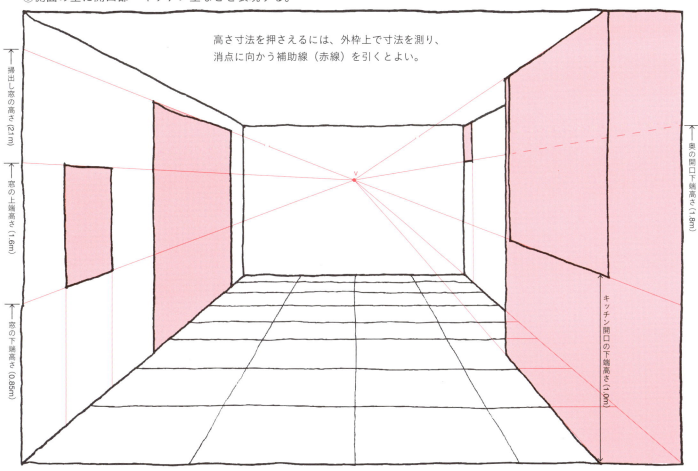

高さ寸法を押さえるには、外枠上で寸法を測り、
消点に向かう補助線（赤線）を引くとよい。

掃出し窓の高さ（2.1m）
窓の上端高さ（1.6m）
窓の下端高さ（0.85m）

奥の開口下端高さ（1.8m）
キッチン開口の下端高さ（1.0m）

④テーブルや TV 棚を描き込む。

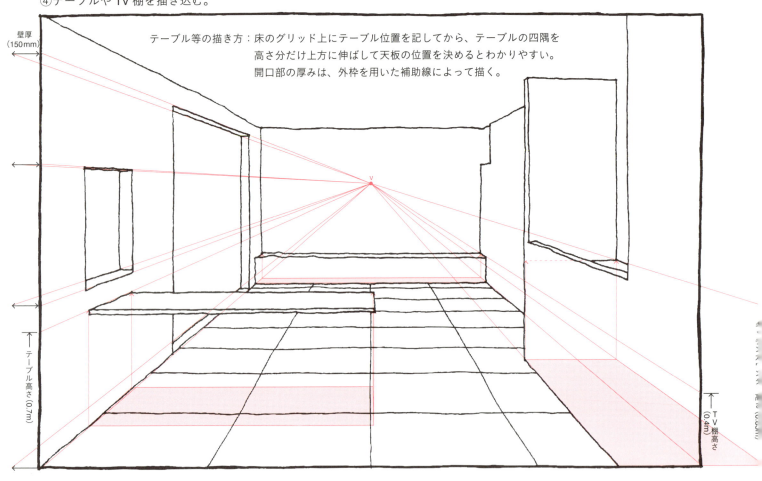

壁厚
（150mm）

テーブル等の描き方：床のグリッド上にテーブル位置を記してから、テーブルの四隅を
高さ分だけ上方に伸ばして天板の位置を決めるとわかりやすい。
開口部の厚みは、外枠を用いた補助線によって描く。

←テーブル高さ（0.7m）

↑ TV棚高さ（0.4m）

⑤家具や照明を描き入れると部屋の大きさが把握できるようになる。

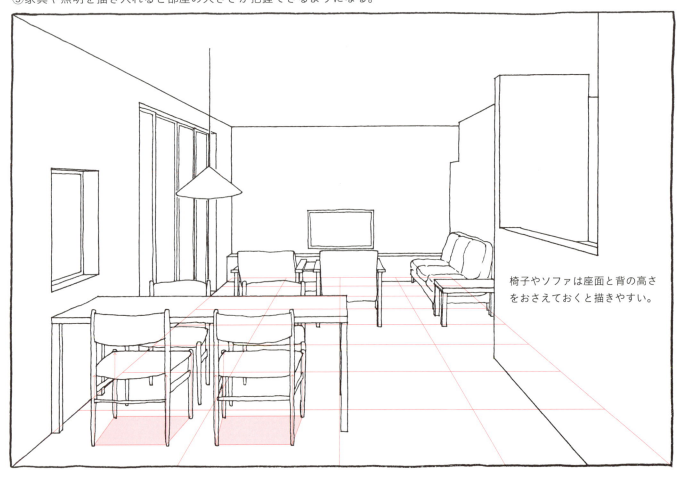

椅子やソファは座面と背の高さ
をおさえておくと描きやすい。

⑥着色・陰影や素材の表現、窓から見える景色を加えれば、完成。

8 簡易1消点透視図法におけるワンポイントアドバイス

多くの初学者が1消点透視図法における奥行きの取り方で悩むと思われる。
ここでは、グリッドと対角線を用いた簡単な奥行きの取り方の手順を紹介する。

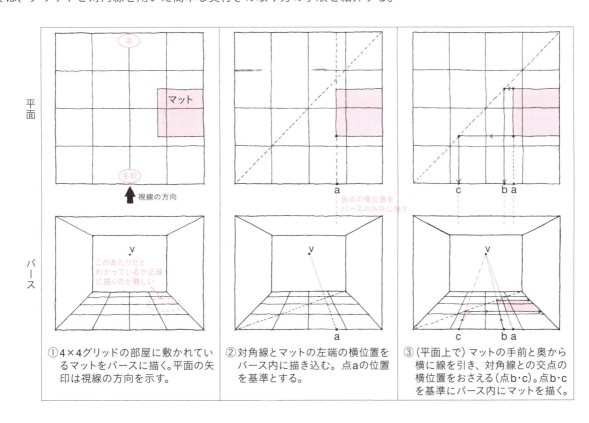

①4×4グリッドの部屋に敷かれているマットをパースに描く。平面の矢印は視線の方向を示す。

②対角線とマットの左端の横位置をパース内に描き込む。点aの位置を基準とする。

③（平面上で）マットの手前と奥から横に線を引き、対角線との交点の横位置をおさえる（点b・c）。点b・cを基準にパース内にマットを描く。

9　2消点透視図法を理解するために

2消点透視図は、視線の方向に対して角度を振って建つ建物（立体）の様子を描いたり、隣り合う2つの壁面の関係を表したりするときに用いる図法である。透視図法では、互いに平行な複数の直線は、それぞれ決まった消点に向かって収束する性質を持つ（ただし、見る方向に対して直交する場合は除く）。1消点透視図では、見る方向の先にある1つの消点に向かって直線を描いたが、2消点透視図は2つの消点に向かってそれぞれ収束する2つの直線群から構成される（垂直方向の直線は、1消点透視図と同様にパース上でも垂直に描かれる）。

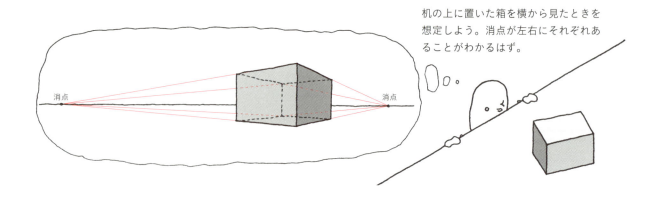

机の上に置いた箱を横から見たときを想定しよう。消点が左右にそれぞれあることがわかるはず。

下図は2章で作図したRC造複合ビルのカフェのインテリアパースである。テーブル席だけでなくカウンターの奥の様子まで見せるために2消点透視図法を採用した。1つ目の消点は図中左側のガラスの開口部に、2つ目の消点は隣ページの右端に示した位置としたので確認してみよう。

10　簡易2消点透視図法のしくみ

左ページで示した箱のたとえのように、描く対象の近くに消点を2つとも設定できる場合は比較的描きやすい。しかし構図によっては、消点を対象から遠く離れた位置に設定することが生じる。このため、正しいパースを描くためには用紙を大きく確保したり、消点から長い補助線をたくさ

ん引いたりする必要があった。こうした欠点を補うために考案されたのが簡易2消点透視図法である。
この簡易2消点透視図法とは、描く対象に近い方の消点を最大限利用して、もう片方の消点を省略しつつ2消点透視図を作成する方法である。

①直方体の正面の立面を描く。次に接地面GLをもとに視点の高さに応じた水平線HLを設定する。さらに、HL上に1つ目の消点v1を置く。このとき、v1に近い方の垂直な辺を、今後寸法を測るための基準線とする。

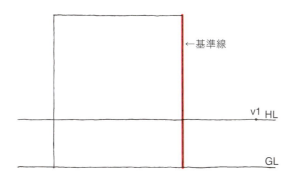

②消点v1から各頂点に補助線（点線）を引く。次にv1と基準線の間に垂直な線を引く。これを奥行線とし、立体の側面の見え方を決める線となる。おおよそ正面に対してどれくらい側面を見せたいのか想定しながら適当な位置とする。

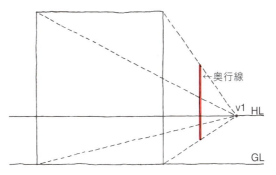

③基準線の頂部から、v1とは反対側にある2つめの消点v2（遠くにあるため見えない）に向かうスカイライン（立体の上端）Lを引く。Lの角度は、基準線の頂部より10°以下とし、v1との角度は120°以上となるように設定する。

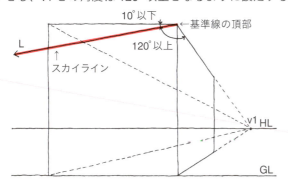

④スカイラインLと②で引いた補助線の交点から垂線を下ろし、「パースのきいた」正面を描けば、ひとまず直方体の簡易2消点透視図はでき上がる。

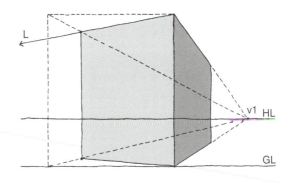

消点v2

（次のステップ以降は、直方体の奥に隠れた頂点を描くために、上面の対角線を利用して作図する方法である）

⑤前ステップで描いた「パースのきいた」正面の上中央の点とv1とを結ぶ補助線を引く。

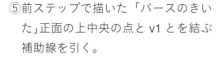

⑥奥行線の頂部を通る上面の対角線を引く。この対角線と⑤で引いた補助線の交点を求める。

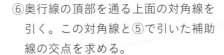

⑦先ほど求めた交点と、基準点の頂部を通る直線を引く。この線と②で引いた補助線の交点をもとに奥の頂点を求め、立体を完成させる。

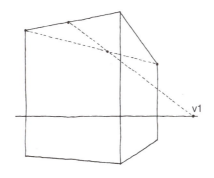

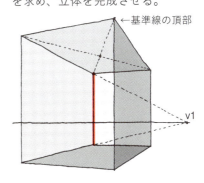

11　簡易2消点透視図法による外観パースの描き方

ここでは2章で作図したRC造複合ビルの建物の外観をパースで表現する。

①建物の外観のうち、パースでより強調させて見せたい立面の外形とGLを描く。このとき外
　形のプロポーション（縦横比）を正しくおさえておくことが重要。その次に視点の高さ（＝
　水平線の高さ）HLを描く（ここではHL＝GL＋1.5m）。

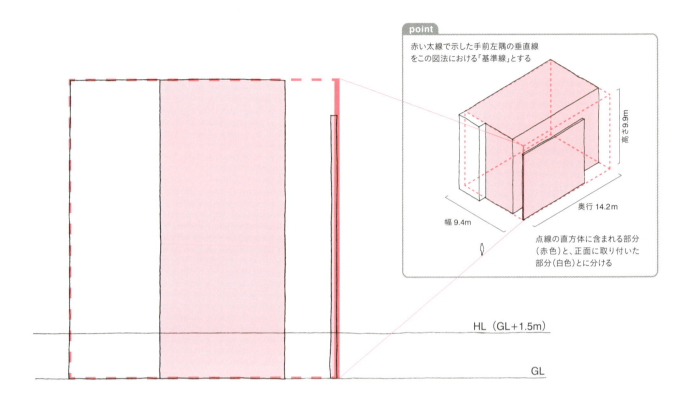

point
赤い太線で示した手前左隅の垂直線
をこの図法における「基準線」とする

高さ9.9m

奥行 14.2m

幅 9.4m

点線の直方体に含まれる部分
（赤色）と、正面に取り付いた
部分（白色）とに分ける

HL（GL＋1.5m）

GL

②水平線HL上に消点v1を設定し、側面の立面の外形を描く。正面の立面に対してどれくらい
　側面を見せるかを考えながら奥行を決めることが重要。また、正面の各頂点から消点v1に
　向けて補助線を引いておく。

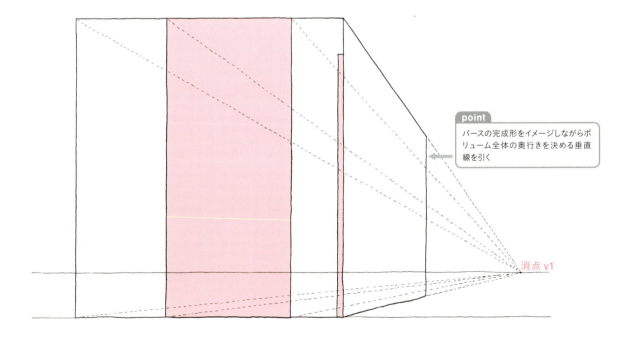

point
パースの完成形をイメージしながらボ
リューム全体の奥行きを決める垂直
線を引く

消点 v1

③次に、建物のスカイライン（直線 L）を引く。この直線は枠外にある 2 つめの消点 v2 に向か
　う。L と②で描いた補助線との交点を求め、これを元に「パースのきいた」正面を描く。

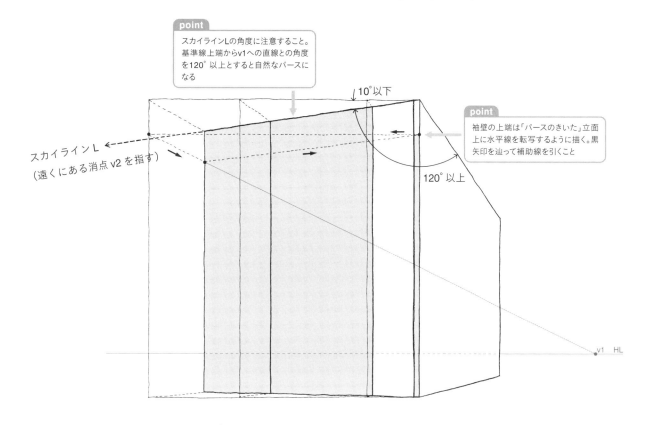

point
スカイラインLの角度に注意すること。
基準線上端からv1への直線との角度
を120°以上とすると自然なパースに
なる

10°以下

スカイラインL
（遠くにある消点 v2 を指す）

120°以上

point
袖壁の上端は「パースのきいた」立面
上に水平線を転写するように描く。黒
矢印を辿って補助線を引くこと

v1　HL

④袖壁を描く。この透視図法において奥行方向の長さを求めるときは、基準線と接する正方形
　（図中のグレーの部分）を描き、その対角線を用いる（左下の解説図を参照）。

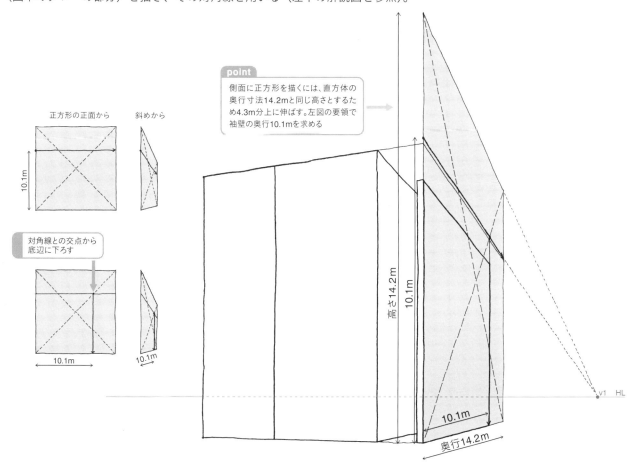

正方形の正面から　　　斜めから

10.1m

対角線との交点から
底辺に下ろす

10.1m

10.1m

point
側面に正方形を描くには、直方体の
奥行寸法14.2mと同じ高さとするた
め4.3m分上に伸ばす。左図の要領で
袖壁の奥行10.1mを求める

高さ14.2m

10.1m

10.1m

v1　HL

10.1m

奥行14.2m

⑤建物正面左側の道路側に1m突き出た部分を描く。そのための準備として、④と同様に正面と側面に基準線と接する正方形を描き、その対角線を引く。基準線の上端に1mの長さをとり、先ほど引いた対角線を用いて1辺が1mの立方体（濃いグレーの部分）を作図する。

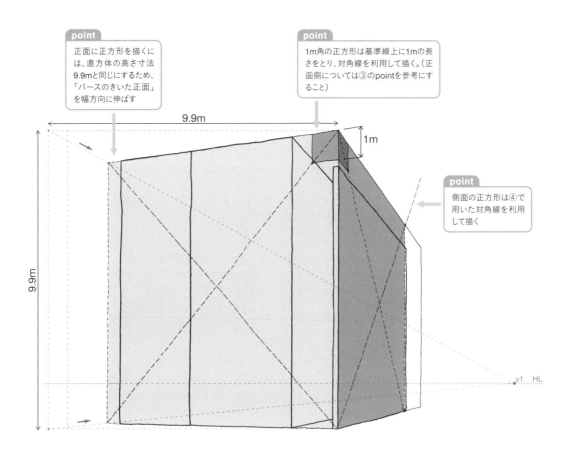

point
正面に正方形を描くには、直方体の高さ寸法9.9mと同じにするため、「パースのきいた正面」を幅方向に伸ばす

point
1m角の正方形は基準線上に1mの長さをとり、対角線を利用して描く。（正面側については③のpointを参考にすること）

point
側面の正方形は④で用いた対角線を利用して描く

⑥前ステップで描いた立方体を用いて、建物の上端から1m手前にある直線を引く。この直線をもとに建物の突き出た部分を描く。

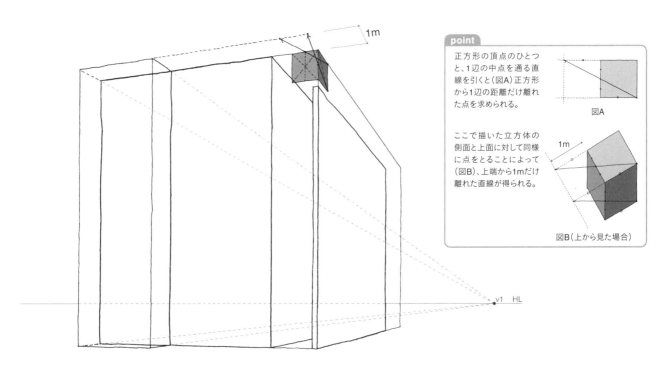

point
正方形の頂点のひとつと、1辺の中点を通る直線を引くと（図A）正方形から1辺の距離だけ離れた点を求められる。

図A

ここで描いた立方体の側面と上面に対して同様に点をとることによって（図B）、上端から1mだけ離れた直線が得られる。

図B（上から見た場合）

⑦開口部の位置や大きさを寸法に留意して描き込み、バルコニーを付け加えれば、立体として
　ほぼできあがり。外壁やガラスカーテンウォールの目地を描くとスケール感が出る。

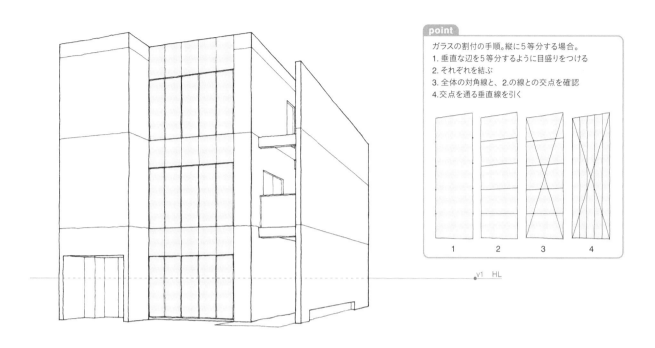

point

ガラスの割付の手順。縦に5等分する場合。
1. 垂直な辺を5等分するように目盛りをつける
2. それぞれを結ぶ
3. 全体の対角線と、2.の線との交点を確認
4. 交点を通る垂直線を引く

1　　2　　3　　4

⑧素材や陰影の表現、ガラスの奥の様子など建物のスケールが分かる点景を加えれば、完成。

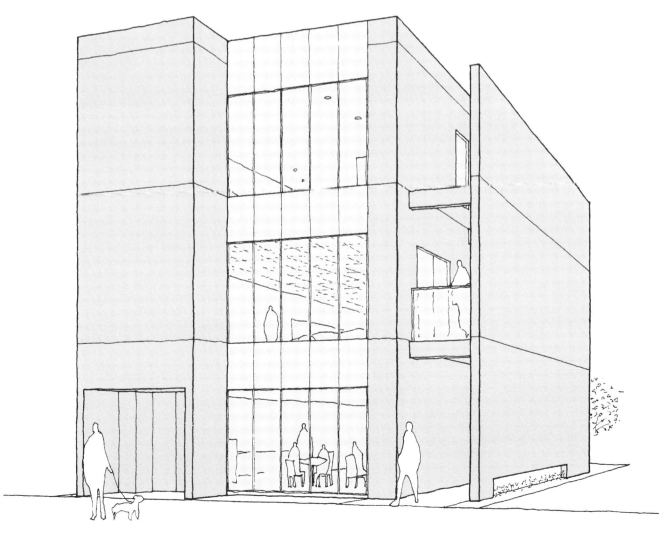

4.3 模型のテクニック

1 なぜ模型をつくるのか

建築を学ぶ者であれば一度は模型をつくってみたい。自分自身で考えたプランを立体的に表現できる方法であり、空間がどのようなフォルムをしているのかを3次元で確認することができる。頭の中だけで考えるには限界があり、模型をつくることで新しい発見や問題点が明らかになることも多い。スケッチを描くような感覚で、こまめにアウトプットしてみることが大切である。勘違いされがちなのは、

"模型は最後につくる"ということ。課題の成果物としての模型制作も重要ではあるが、それと同じくらいに、エスキス段階で簡単な模型（スタディ模型）を制作し、自分自身で立体空間を確認することも大切である。作業に労力はかかってしまうが、目的によっては正確さや再現度よりも、スピードを重視することもある。何のための模型かはっきりさせて取り組みたい。

プレゼンテーション模型（材料：スチレンボード）　SCALE=1/100

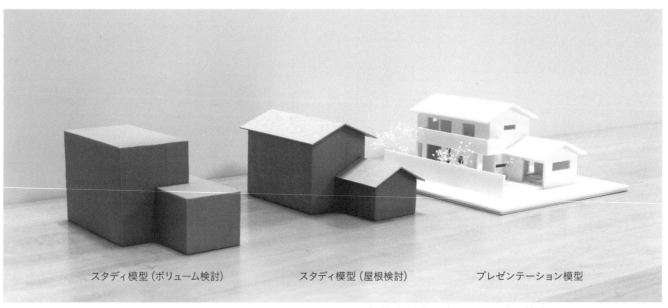

スタディ模型（ボリューム検討）　　　　スタディ模型（屋根検討）　　　　プレゼンテーション模型

スタディ模型で全体のボリュームや屋根を検討している　SCALE=1/100

2　模型の種類

ここでは、つくる目的を大きく2つに分類してみたい。種類としては、スタディ模型とプレゼンテーション模型である。模型に求める完成度や表現方法が、それぞれまったく異なるこの2つの模型について、詳しく説明する。

(1) スタディ模型　…自分で確認する為の模型

自分自身で建物のボリュームやフォルム、全体を確認するための模型である。この模型は自ら設計した空間を確認するための模型であり、頭の中で考えていることをアウトプットする作業の一つである。あくまでも確認作業なので、丁寧につくるよりも素早く手軽につくれるほうがよい。ボリューム検討ではスタイロフォームなどを使う。

(2) プレゼンテーション模型　…クライアントに提案する模型

一般的な建築模型といえば、この模型を指すことが多い。設計者だけではなく、だれが見ても計画の全体像を把握することができ、実際に建つ姿をイメージをすることが可能である。プレゼンテーション模型はコンペティションや設計課題の勝敗を左右する重要な“成果物”であり、時間をかけてつくり込みたい。設計課題で取り組む場合は、提出用の模型がプレゼンテーション模型に該当する。左の写真のような白い素材だけでつくられた模型を「白模型」といい、色のある素材で質感を表現した模型を「色模型」という。

プレゼンテーション模型の種類	説明
白模型	白色のみで表現した模型。影がきれいに落とせるので、空間を把握しやすい
色模型	外観や素材を考えて色をつけた模型。実際の建物をイメージしやすい

3　模型のスケール

図面にスケールがあるように、模型にもスケールがある。考え方は図面と同じであり、スケールが大きくなるほど模型の精度も上がってくる。たとえば周辺環境の中でのボリューム検討や敷地内での配置を確認するのであれば1/500～1/200、建物外観イメージを確認するのであれば1/200～1/100、内部空間を確認するのであれば1/50～1/20程度のスケールで模型をつくるのが基本である。実務では、モックアップと呼ばれる1/1の原寸模型をつくることもある。

名称	スケール	模型の内容
周辺模型	1/500～1/300模型	周辺環境とボリュームの検討
外観模型	1/200～1/100模型	敷地内のボリューム検討・外観イメージ
内観模型	1/50～1/20模型	家具配置・インテリアなどの内部空間の検討
モックアップ	1/1模型（原寸）	細部の検討と確認

4 道具の種類と説明

模型制作には専門の道具が必要である。最低限の道具を揃え、優れた職人が道具を大切にするように上手に使いこなせるようになりたい。道具にはいくつかの種類があり、使いやすさは人によって異なるが、ここでは基本的な模型の7つ道具を紹介する。ほかにも数多くの種類があるので、いろいろと試してもらいたい。

基本の7つ道具

種類	説明
①カッターナイフ・替刃	筆箱にも収納できる、ステンレス製の30度カッターが使いやすい。替刃も常備する
②カット定規	ステンレス製、アルミ製、グリット記入されたアクリル製等がある
③カッターマット	大きさの種類がたくさんあるので、場所に応じて使い分けると良い
④接着剤	スチロール用ノリや木工用速乾ボンドなどを使用する。素材で接着剤を使い分ける
⑤スコヤ	材料に直角にあてると容易にカットできる。制作スピードも向上するのでオススメ
⑥スプレーのり	はがせるタイプ（55）と、はがせないタイプ（77）があるので使い分けに注意
⑦クリーナー	紙をはがした後の粘着質をきれいすることができる。ソルベント（溶解液）もオススメ

5　模型材料の紹介

市販される模型材料はどうしても限られてしまうが、表現したい質感に近い素材探しをし始めると、数え切れないほど選択肢があることに気づく。画材屋に行けば品揃えもよいが、たとえばスタディ模型用の素材としては、もっと身近なダンボール箱や菓子箱なども利用できる。意外なものが材料となり得るので、材料集めも楽しみの一つである。ここでは代表的なボード系の材料を中心に紹介するが、この範囲にとらわれず、さまざまな材料を試してほしい。

(1) ボード系の材料

種類	説明
①ダンボール	スタディ模型などで利用されることが多く、ナチュラルな色で扱いやすい。ダンボールだけでつくられることもあるが、ほかの薄いボード材と併用してもよい。内部が空洞なので、力を入れるとヘコみやすい。プラスチック製のプラスチックダンボールもある
②スチレンボード	白模型の代表的な素材で、薄い発泡スチロールの両面に紙が貼ってあるボードである。暑さも1mm〜7mmと幅広く、容易に加工できるため、模型の入門材料としてよく利用される。両面に紙が貼られていない、スチレンペーパーもある
③コルクシート	質感があるので、模型で素材の違いなどを表現したいときに活用できる材料である。主に地面などを表現することが多いが、色を塗れば石のようにも見えるため、アレンジしやすい材料である
④チップボール	細かな紙繊維がプレスされた薄いボードである。厚紙の延長のような材料で、質感も良く切り口をシャープにできる。1mm〜2mmと厚さは薄いが、重ねてほかの材料と併用することもでき、安価で使い勝手の良い材料である
⑤スノーマット	0.5mm程度と厚さはないが、両面に艶があり容易に曲げることが可能である。ほかのボード系材料と併用や、艶を利用して仕上材として利用することもできる。艶があることで傷も目立ちやすいため、加工時には傷をつけないように注意する

(2) よく使う材料

種類	説明
塩ビ板（塩化ビニール樹脂板）、プラ板（プラスチック板）	0.2〜0.5mmの透明シートでガラスや水の表現で使用する。塩ビ板の方がよりしなやかで、プラ板の方が硬いので、用途に分けて使用する。紙やすりで傷をつけるとすりガラスの表現もできる
ラインテープ	0.5mm〜5.0mm幅の粘着テープである。色の数も多く、窓のサッシ表現で使用することが多い。細いので曲線として利用できる反面、歪みやすいので丁寧に扱う

6　模型の基本テクニック

模型制作の基本は、カッターの使い方にある。まずは、カッターの刃がブレないように定規にあてて真っすぐ切る。この時大切なのは、真っ直ぐ直角にカッターを下し〝切り口が傾かない〟よう意識して切ることだ。力を込めて切る人がいるが実は力は必要なく、カッターの刃を小まめに替え、切れ味を落とさないことのほうが重要である。何度も使用しているとカッターの刃が汚れ、切れ味が悪くなる。数をこなせば感覚的に刃の替え時が分かるようになるので、慣れないうちは早めに交換するように心がける。

基本テクニック①　部材を切る

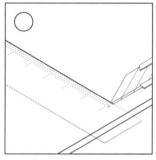
定規をしっかりあてて切る

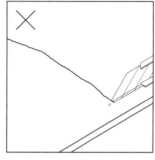
フリーハンドでは切らない

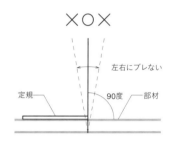
定規にしっかり刃をあて垂直に切る

基本テクニック②　部材を貼る

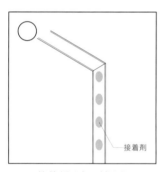
接着剤は点で付ける

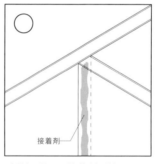
部材に貼ると接着剤が線になる

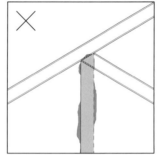
接着剤を付けすぎるとはみ出る

基本テクニック③　コーナーを美しくみせる

紙残し … スチレンボードの紙一枚だけ残してカットする方法

①接合する部材の厚さを確認

②底の紙一枚残し、刃を入れる

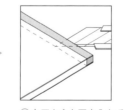
③小口からも刃を入れる

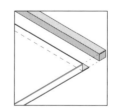
④底の紙一枚だけ残る

⑤接着剤を付けて取りつける

斜めカット … 小口を45度にカットする方法 (屋根の場合は勾配によって角度を決める)

①接合する部材の厚さを確認

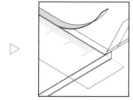
②接合部分の紙だけ剥がす

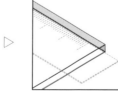
③定規をあて45度でカット

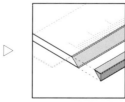
④45度の切り口ができる

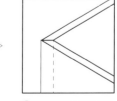
⑤接着剤を付けて取りつける

7 植栽表現のテクニック

(1) 外構表現の種類

模型制作でおろそかになるのが、外構部分の表現である。最後に添えるおまけのように捉えがちな部分でもあり、あまり考えずに模型を進め、終盤になってようやく考えはじめる人が多い。建物の模型をどれだけきれいにつくっても外構部分を失敗すると台無しになるので、ここでは簡単な表現方法を説明し、模型をより引き立てるテクニックを紹介する。

高木の表現：かすみ草
模型の樹木としてよく使用されるのが、かすみ草である。そのまま使うのでなく、剪定するように枝葉のボリュームを調整し、いくつか束ねて1本の木にする。花をカットし、枝ぶりだけで表現することもできるので、アレンジしやすい材料である。色も数種類あるが、アクリル絵具で簡単に着彩できる

芝生の表現：カラーパウダー
芝生や地面の表現で使用する。一般的にはスチノリや木工用ボンドなど、接着剤の上に撒くことが多いが、両面テープであれば好きな形に加工でき、きれいに仕上げることができるので試してみてほしい

生垣の表現：ウレタンフォーム
一般的には椅子のクッション材料として使用されるが、模型の植栽表現にも活用できる。適度な大きさにカットし、ピンセットなどでボリュームを削っていくと、程よい樹形ができる。アクリル絵具などで着彩すれば、雰囲気のある植栽に仕上げられる。手芸屋などで安価で販売されている

低木・地被の表現：ランドスポンジ
足元などの地被（地面を覆うグランドカバー）や低木を表現するときに使用する。スポンジの大きさにも種類があるので、スケールにあったものを選ぶ。スポンジが大きすぎる場合は、袋にスポンジを入れ、ハサミで好みの大きさに切り刻む

(2) 外構表現とスケール感

模型の外構部は多様に表現できることから、つくりはじめると建物よりも目立ってしまう恐れがある。外構がコンセプトであれば良いが、そうでなければ全体のバランスを考えてつくり込むようにする。また、樹木の高さ、ランドスポンジや石の大きさなどのスケール感をしっかり持つこと、奇抜な色彩で建物全体の雰囲気を伝え損ねることのないように注意する。スケール感や色彩感覚のセンスが問われていることを頭に入れて着手したい。

8 模型撮影のテクニック

きれいにつくった模型にさらなる魅力を引き出してくれるのが、模型写真である。ここでは、模型撮影に必要な基本のテクニックを紹介する。まず大切なことは、模型写真で何を伝えたいのかを考えることである。やみくもに写真を撮影し、気に入った一枚を探し出すのではなく、どんなカットが欲しいのか、設計者としての見せ場を決めることが必要である。いくつかのカットを決めたら、実際に撮影を始めてみよう。

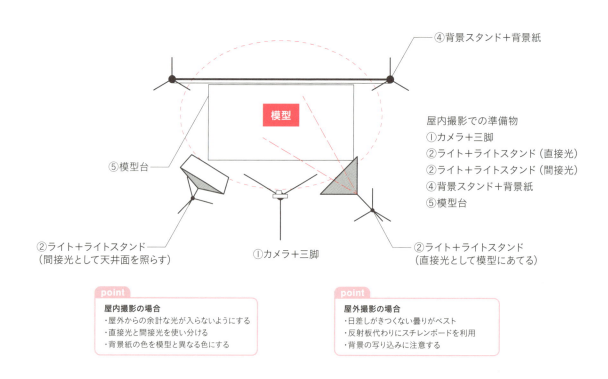

④背景スタンド＋背景紙

⑤模型台

模型

②ライト＋ライトスタンド
（間接光として天井面を照らす）

①カメラ＋三脚

②ライト＋ライトスタンド
（直接光として模型にあてる）

屋内撮影での準備物
①カメラ＋三脚
②ライト＋ライトスタンド（直接光）
②ライト＋ライトスタンド（間接光）
④背景スタンド＋背景紙
⑤模型台

point
屋内撮影の場合
・屋外からの余計な光が入らないようにする
・直接光と間接光を使い分ける
・背景紙の色を模型と異なる色にする

point
屋外撮影の場合
・日差しがきつくない曇りがベスト
・反射板代わりにスチレンボードを利用
・背景の写り込みに注意する

カメラのグリッド表示機能

カメラは一眼レフを使用したいところであるが、なければデジタルカメラでもよい。最近はスマートフォンも解像度の高い写真が撮れることから、内部空間など部分的なカットで活用することも可能だ。おおよそのカメラには、標準仕様としてグリット表示機能が付いている。画面上で水平垂直が確認できるので、撮影には欠かせない。"あおり"で垂直水平のプロポーションが失われてしまわないように注意したい。写真のように縦横のラインを揃えるだけで模型をきれいに撮影することができる。

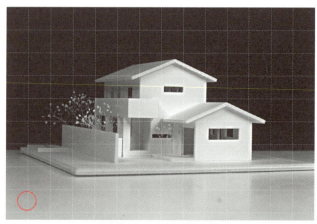

縦と横グリッドを意識した構図

あおり気味になり塀や建物が傾いている

9　模型写真の加工

模型写真を撮影した後に、そのまま図面へレイアウトしても良いが、下記のテクニックを用いて画像処理を行ってから配置するほうが、より良いプレゼンテーションになる。

(1)　背景の合成

模型写真の撮影時には、一般的には暗幕を用いる。撮影は時間に余裕をもって落ち着いて行うことが原則である。ところが、模型の完成は課題提出の間際になることが多く、暗幕を用いている余裕すらない場合もある。また暗幕を用いたにもかかわらず、背景に部屋の一部や人の手が映り込んでしまうことが往々にして起こる。そのような時は、背景の処理ソフトを用いて不要な部分を消去、トリミング（切り取り）すると良い。また暗幕を用いて撮影した場合も、常に模型写真の背景がブラックである必要はない。画像処理を行い、背景に青空や夕焼け空を合成すると、作品そのもののイメージアップにもつながる。

背景にキーボードが映り込んでしまった場合でも……

画像処理を行い、不要な部分を消去・トリミング

暗幕を用いて黒背景にした場合でも……

画像処理を行い、青空を合成するだけでイメージUP

(2)　パーツの修正

どんなに模型写真が完璧にできたと思っていても、いざ模型写真を撮影する状況になって初めてミスや汚れに気づくものである。……しかし、模型を修正している時間はない。

そのような場合は、背景の処理と同様に画像処理ソフトで、パーツを修正すると良い。

部分的に模型でミスしていても……

画像処理を行い、パーツを修正すると良い

（3） あおりの補正

模型写真の撮影時、注意すべき点の一つに「あおり」がある。高層ビルを見上げて撮影するときのように、対象に向けたレンズを上下に傾けて遠近感が強調されることを「あおり」という。建築写真は、寸法やプロポーションに基づく空間構成を伝える目的があるため、「あおり」を抑えた写真が好ましい。

模型までの距離が確保できるならば、対象から離れてカメラのズーム機能を使用して撮影すると、比較的不自然なあおりが少ない写真が撮れる。距離をとることが難しい場合は、撮影後に画像処理ソフトを用いてあおりを補正することができる。下からのアングルで撮影された模型写真は上すぼまりの形をしている。図のように垂直性を意識して補正をかける。

下から見上げるアングルで撮影すると「あおり」が生じる

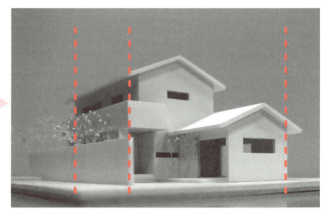
斜めの壁が垂直になるよう補正すると建築写真に近づく

（4） 人物や植栽などの追加

人物や植栽、自動車などの添景も、模型として建築と一緒につくり込むのが理想である。添景が入ることで適切なスケール感を把握できるため、スタディ模型などでは、ボリュームの間違いに気づく意味もある。しかし、添景をつくり込む時間がなかったり、意図的に入れず、抽象的な模型で空間を表現したい場合もある。そのような場合も、画像処理を行うことで、後から添景を追加することができる。画像処理で追加すると、人物や植栽の色合い・不透明度などを調整できるため、空間構成の理解を妨げないメリットもある。

人物が入っていない状態の模型写真
（スケール感を把握しづらく、殺風景な雰囲気である）

画像処理により人物のシルエットを追加した場合
（不透明度を調整することで、背後の空間を説明できる）

植栽をつくり込めなかった模型写真（なんとなく寂しい）

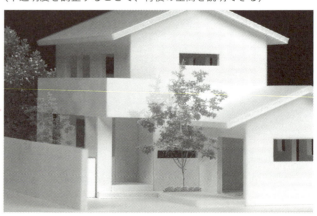
画像処理により植栽を追加するだけでイメージUP

不自然なあおりの補正と、青空の背景、人物や植栽のシルエットの追加をすると……

4.4　図面のプレゼンテーション

プレゼンテーションの方法は無数に存在するが、その良し悪しによっては、作品の内容が正しく伝わらない、あるいは表現したい内容の半分も伝わらない場合がある。優れた建築作品をつくることができても、プレゼンテーションは苦手だという人も多い。ここでは、プレゼンテーションテクニックの一例を挙げ、第三者にとって少しでも"わかりやすい"表現となるような手掛かりを「図面のレイアウト」「ダイアグラム」「フォント」「表・グラフ」に分けて説明する。

1　図面のレイアウト

（1）マージン（余白の設定）

余白を考慮してマージンを設定し用紙全体の大枠を決める。

例　用紙の端部から10mm程度に設定する場合や、写真などを背景にすることを想定してマージンを設けない場合などが考えられる。何mm程度の余白を設けるかは、印刷機の設定をふまえて検討すると良い。

➡ レイアウト事例（p.104以降）ではA1用紙に対して10mmのマージンを設定する。

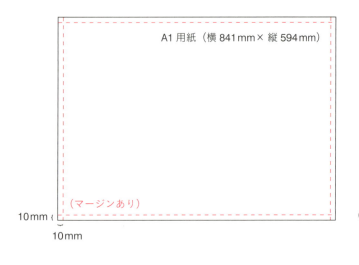

A1用紙（横841mm×縦594mm）
（マージンあり）
10mm
10mm

A1用紙（横841mm×縦594mm）
（マージンなし）
0mm
0mm

（2）分割（ガイドラインの設定）

用紙全体を大まかに何分割するかを決める。
図面（平面図・断面図・立面図等）は、敷地や設計する建物の大きさと図面縮尺によっておおむねのサイズが決まってしまう。それに対して写真やダイアグラム、パース等は任意にサイズを決めることができる。つまり、まず図面を優先してレイアウトしたうえで、何分割できるかを検討し、スペースに合わせて要素の大小を調整すると良い。

例　縦（左右）に2分割、3分割 … する場合、横（上下）に2分割、3分割 … する場合が考えられる。いずれも均等に分割する場合、「大⇔小」や「小⇔大⇔小」のようにアクセントをつけて分割する場合などが考えられる。

➡ 事例ではA1用紙を横使いで2枚用いてレイアウトし、縦に3分割するとともに、小⇔大⇔小とアクセントをつけて分割することにした。

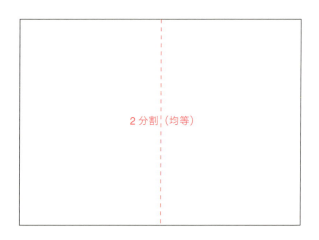

2分割（均等）

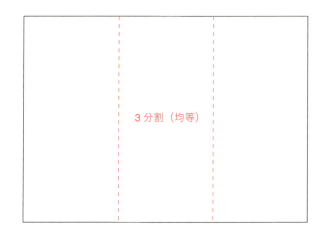

3分割（均等）

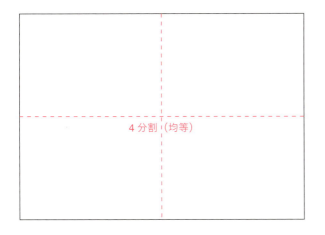

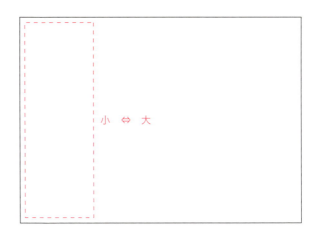

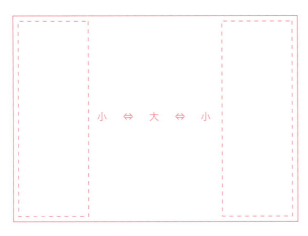

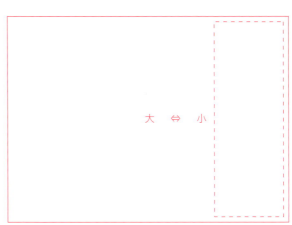

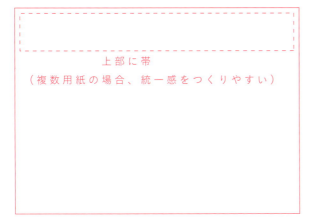

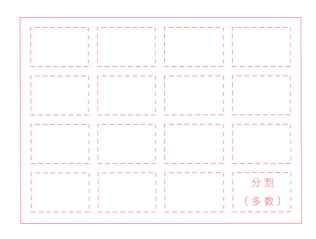

（3）配置（レイアウト）

まず、プレゼンテーション図面に使う部品（パーツ）を用意する。

一般的には、①作品のタイトル、②設計主旨（コンセプト）、③ダイアグラム（デザインコンセプト）、④一般図（平面図・断面図・立面図）、⑤ディテール（部分詳細図、矩計図等）、⑥パース（手書き、CG等）、⑦写真（事例写真、調査写真、模型写真等）、⑧図表（面積表、分析グラフ等）などが挙げられる。

これらをすべて盛り込む必要はないが、第三者にわかりやすく伝えるために何をどのように表現するべきかを考えたい。配置（レイアウト）は作成者が自由に決められることが多い。課題の要求に応じ最低限必要なものを納めた後の一工夫が肝心となる。

例 イメージを重視して伝えたい場合→パースや模型写真を大きくレイアウトする。

作品の持つ意味を強調して伝えたい場合→タイトルを工夫したうえでフォントも強調する。

空間構成の面白さを伝えたい場合→ダイアグラムを目に付きやすい位置に配置する。

➡ レイアウト事例ではダイアグラムを目に付きやすい位置に配置したうえで、そのダイアグラムから伝えたい情報を並べていく配置方法を採用する（以下、①〜⑩を参照）。

プレゼンテーション図面のレイアウトも選択肢は無限にある。ここでは、集合住宅の設計課題におけるプレゼンテーション図面（p.74）を元に、全く異なるレイアウト例を検討し、その手順を解説する。どちらが正解というわけではなく、それぞれの効果を比較しながら、自身の検討に役立ててほしい。

〈既存のプレゼンテーション図面〉

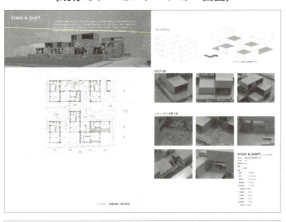

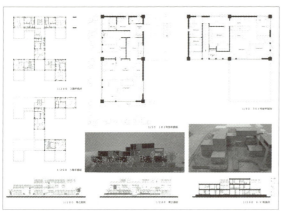

〈新規のプレゼンテーション図面〉

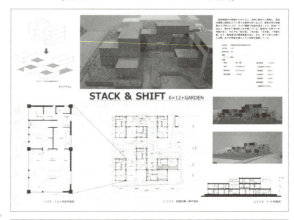

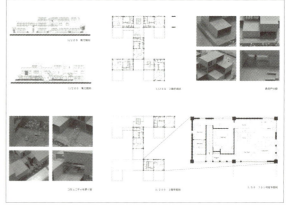

STEP 1　課題の提出条件から、マージン（余白の設定）と分割（ガイドラインの設定を行う）

〈課題の提出条件〉
・集合住宅の設計
・A1 用紙（841mm×594mm）2 枚
・コンセプト（文章）
・ダイアグラム
・面積表
・図面縮尺　S＝1/200
　　　　　（ユニットプラン S＝1/50）
・平面図（配置図兼用可）
・立面図 2 面以上
・断面図 1 面以上
・模型写真、その他

ここでは、余白は10mmで設定し、
小⇔大⇔小の3分割で検討を始める。

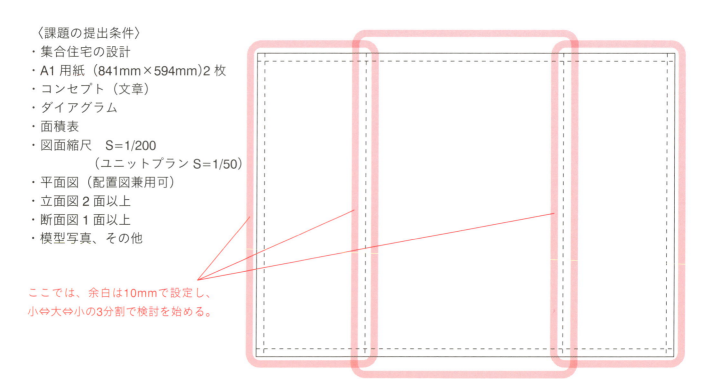

STEP 2　ダイアグラムや模型写真、作品のタイトルを配置する

一番伝えたいダイアグラム（デザインコンセプト）を目に付きやすい左上に配置する。たとえば、このダイアグラムは、作品の空間構成を単純化したわかりやすい模式図となっている。

ダイアグラムを端的に示した模型写真（建物を俯瞰して眺めたアングル）を、そのダイアグラムに隣接して配置する。この例では用紙を縦に3分割しているため、中央に配置されることになる。

模型写真の下に、この作品を最も端的に表現したタイトルを配置する。写真の真下に配置することで、写真が伝えるイメージと、文字（タイトル）が伝えるイメージを連動させることができる。

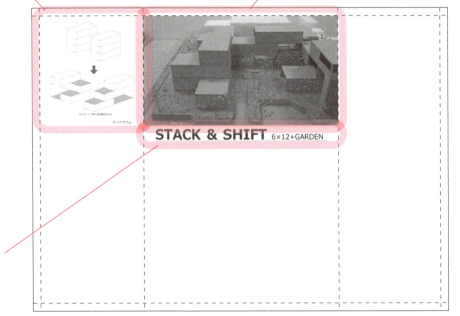

STEP 3　コンセプトの文章、断面図などを配置する

ここまでビジュアルなイメージを表現してきたので、次に作品のコンセプトを適切に説明する文章（最大でも400文字以内程度）を配置する。コンセプトの近くに建築概要を説明するための表を付けている。この例では用いられていないが、現地調査や分析結果を示すグラフなどが表現されても良い。

垂直方向のダイアグラムが伝わる模型写真と断面図を配置する。これにより用紙の右側が、ダイアグラムの内容で協調され、コンセプトや写真、図面が縦に並ぶわかりやすい配置となる。

STEP 4 　平面図、ユニットプランなどを配置する

1階平面図を1枚目の中央下に配置する。これにより、模型写真とタイトル、平面図が中央縦に並んで配置されたことになる。

ユニットプランを各階平面図に隣接して表現するとともに、引き出し線で強調することができる配置とする（今回は1階と3階のユニットプラン）。これによりバラバラに配置するよりもわかりやすい表現となる。

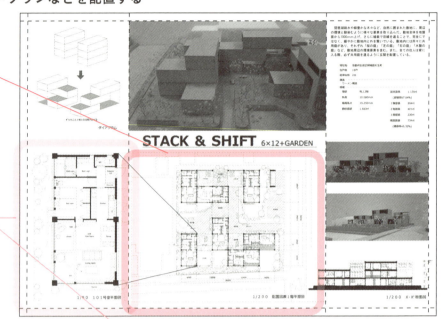

STEP 5 　詳細を説明するための図面や写真を配置して全体を整える

平面図を1枚目の中央下（1階）と2枚目の中央上下（2階・3階）に配置する。これにより前までのステップで配置した模型写真とタイトル、平面図が中央に縦並びして強調されたことになる。

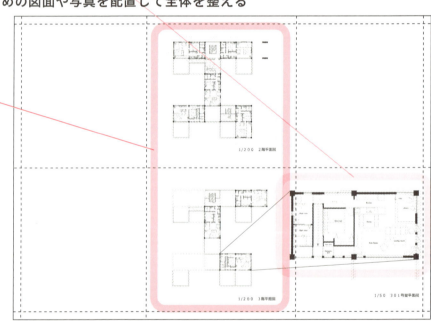

最後に空白の部分に空間のバリエーションや使われ方を説明するための模型写真を配置する。このような模型写真の下には写真の構図や撮影の意図を説明するキャプション（小見出し）をつけると良い。

なお、模型写真の配置を検討する際に全体のバランスを考慮して2枚目の左上の位置に立面図を配置している。

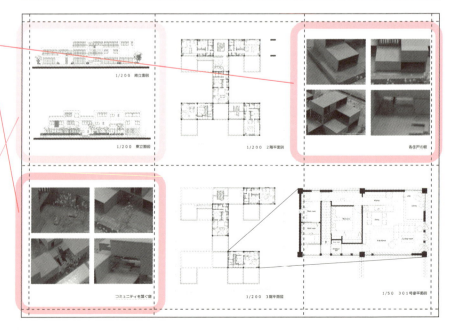

〈新規のプレゼンテーション図面／完成版〉

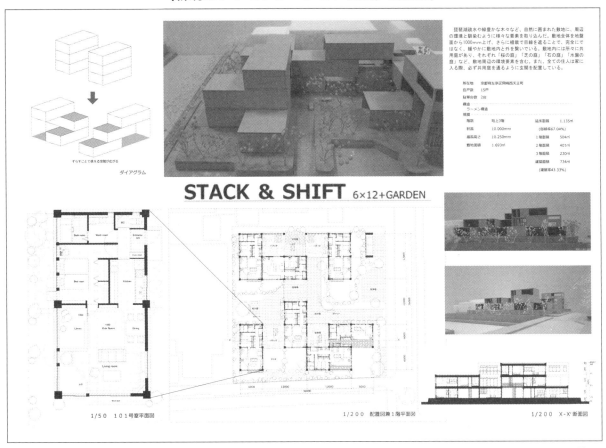

1枚目

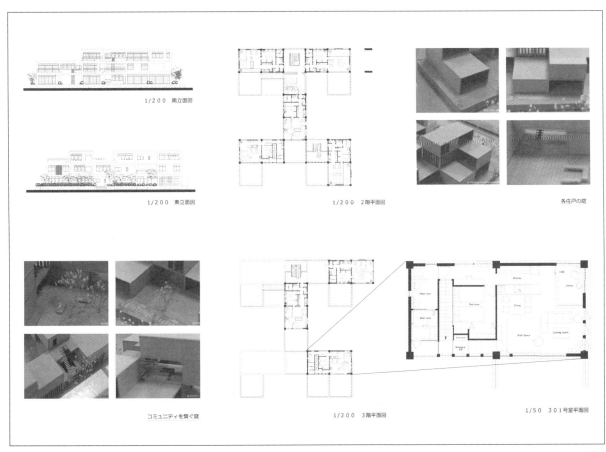

2枚目

2　ダイアグラム

ダイアグラム（デザインコンセプト）は作品のエッセンスを象徴的に表現するものだ。一般的には2次元の幾何学的な模式図で表現することが多いが、建築のプレゼンテーションでも、立体的な空間を第三者に伝えるために抽象化してわかりやすくすることもある。また、空間表現のみならず、建築が計画される周辺環境や地域コミュニティとの関係を図式化する場合もある。ここでは複数のダイアグラムの例を挙げて、その特徴を説明する。

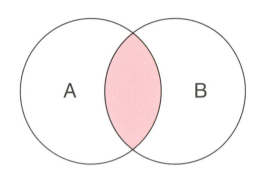

ベン図
集合の範囲を視覚的に図式化した「ベン図」は、コンセプトの全体と部分の関係性を説明する場合に使用する。

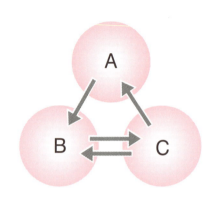

連関図
問題解決に使う図解の一つである「連関図」は、コンセプトに関わる項目相互の因果関係（問題と原因、目的と手段など）を説明する場合に使用する。

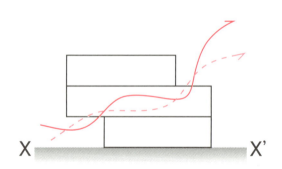

断面図
ダイアグラムにおいても「断面図」は効果的であり、断面形状を抽象化して垂直方向のコンセプトに焦点を当てて説明する場合に使用する。

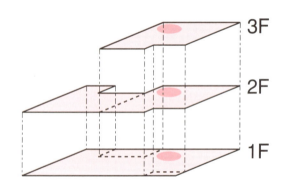

フロア図
各階平面プランを簡素化した「フロア図」を、立体的に積層させることで、上下階の空間構成や全体像を分かりやすく説明する場合に使用する。

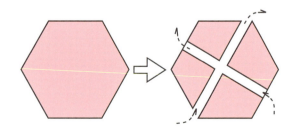

プランの抽象化①
プランの造形原理（たとえば空間を分割する場合）を抽象化して表現した一例。

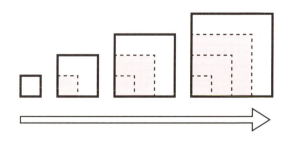

プランの抽象化②
プランの造形原理（たとえば空間が等差数列的に大きくなる場合）を抽象化して表現した一例。

3　フォント

プレゼンテーション図面をまとめる際には、フォントが与えるイメージの違いについても注意したい。柔らかい印象を与えるには〈HG 丸ゴシック〉、力強いインパクトを与えるには〈小塚ゴシック〉というように、さまざまな種類のフォントを目的に応じて使い分けていく。また、「種類」だけでなく「サイズ」も重要である。素晴らしいコンセプト文をつくっても、フォントサイズが小さすぎると読んでもらえないケースもある。これは避けたい。

MS 明朝体

MS ゴシック体

HG 明朝体（太字）

小塚ゴシック Pro（太字）

HG 行書体

HG 丸ゴシック M-Pro

4　表・グラフ

表やグラフを用いる場合も、レポートや論文と同じ表現で済ませるのではなく、少しだけこだわった表現を試みてほしい。たとえば表の場合、罫線の本数を減らしたりなくしたりするとすっきりと見やすくなる。グラフも、必要な情報のみに削ぎ落としてみる。すると、情報はぐっと相手に伝わりやすくなる。

建築概要

NO.	項目	概要
1	所在地	京都府京都市
2	主要用途	専用住宅
3	敷地面積	○○○○㎡
4	建築面積	○○㎡
5	延床面積	○○㎡
6	構造	木造
7	規模	地上2階
8	竣工	2018年6月

表計算ソフトを使用したままの状態

建築概要

NO.	項目	概要
1	所在地	京都府京都市
2	主要用途	専用住宅
3	敷地面積	○○○○㎡
4	建築面積	○○㎡
5	延床面積	○○㎡
6	構造	木造
7	規模	地上2階
8	竣工	2018年6月

罫線の表現を工夫した場合

建築概要

NO.	項目	概要
1	所在地	京都府京都市
2	主要用途	専用住宅
3	敷地面積	○○○○㎡
4	建築面積	○○㎡
5	延床面積	○○㎡
6	構造	木造
7	規模	地上2階
8	竣工	2018年6月

背景の表現を工夫した場合

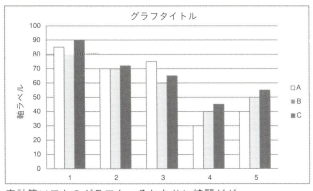

表計算ソフトのグラフも、それなりに綺麗だが……

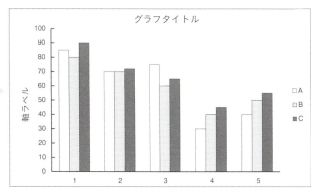

伝えたい情報のみにしてシンプルに分かりやすくした場合

5　その他

プレゼンテーション準備で意外と生じるのが「データ保存の失敗」と「印刷トラブル」である。すべてを手描きで仕上げる場合は良いが、一部でもパソコン作業が必要なら、データをこまめに保存することを忘れてはならない。必至につくったデータが一瞬にして消えてしまう苦い経験を（一度くらいはしても良いと思うが）、二度も三度もしたくはないだろう。また不思議なことに、提出間際の焦っている時に限って、プリンターのインク切れや紙詰まりが発生するものである。早めにプレゼンテーションを完成させ、むしろ印刷内容を再チェックするくらいの余裕を見込んで作業しよう。

ルーブリック④：評価の留意点

どんな課題でも評価はつきものだ。評価を受けるとき、最も重要なことは、学習者自身として次に何を学ぶことができるか、新たな目標を見つけることだ。「こんな評価はおかしい」「評価が間違っている」と思うこともあるかもしれないが、ルーブリックの評価は信頼性・妥当性・客観性・効率性の４つに則ってつくられている。

① 信頼性：精度が確かであり、再現性が高くだれからも信頼されるものであること
② 妥当性：評価方法が測定対象となる能力や行動を測定しうる適切なものであること
③ 客観性：複数の採点者で用いた場合にも結果の一致が得られるものであること
④ 効率性：評価の実施や採点が容易で時間的・経済的な実用が認められること

①〜③をみてもわかるように、基本的にはだれが評価しても同じ結果に近づくようにつくられている。だからこそ、ルーブリック評価シートは必ず事前に目を通し、何を求められている課題なのかをしっかり考えよう。ただし採点者も、４つすべての視点をバランスよく満たす評価シートをつくることは難しいため、まずは最重要視する視点を選んで作成されることが多い。

以下に、プレゼンテーションのルーブリックを挙げている。評価基準＝評価尺度としたこのルーブリックは、④の効率性を重視して作成されている。従って採点者も評価基準がクリアされているかどうかだけをチェックすれば良い分、大きく設けたコメント欄で丁寧な個別評価を書きこむことができる。同時に学習者も、評価基準だけを頭に入れて作図を進めることができる。

表題：「プレゼンテーションのルーブリック」　　出席番号　　　　氏名

課題：作品「RC住宅」を事例として、A1用紙2枚に図面を図示するプレゼンテーション表現を行う。用紙には設計条件に従い①コンセプト（文章）、②ダイアグラム、③面積表、④図面縮尺 SCALE=1/100、⑤平面図（配置図兼用可）、⑥立面図2面以上、⑦断面図1面以上、⑧模型写真・その他、を表現すること。

NO.	評価観点		評価尺度	コメント
1	図面のレイアウト	評価A・評価B・評価C	□ 適切にマージン（余白）の設定がなされている □ 用紙全体を大まかに分割する方針がとられている □ 規則性や統一感の感じられるレイアウトがなされている	
2	コンセプトの表現	評価A・評価B・評価C	□ 作品のコンセプトが文章で適切に説明されている □ コンセプトを表現するタイトルが適切に付けられている □ ダイアグラム（デザインコンセプト）が適切に表現されている	
3	相互の関連性	評価A・評価B・評価C	□ コンセプトに応じて図面や写真・パース等の配置が適切である □ フォントの統一や変化（メリハリ）、大きさが適切である □ 図面相互の関連を考慮した配置がなされている	
4	課題全体の完成度	評価A・評価B・評価C	□ 不足しているものがなく、きちんと完成している □ 図面表現や模型・パース表現等にコンセプトが表れている □ 他のプレゼンにはないプラスαの表現が盛り込まれている	
5	課題全体の美しさ	評価A・評価B・評価C	□ 図面や文字、写真やパース等が全体的に美しく表現されている □ 色調・明度・彩度等が全体的にバランスよく検討されている □ 表やグラフ等を表現する場合、それらにも工夫がなされている	

注）各評価尺度において、評価基準が３つクリアされていれば評価A、２つならば評価B、１つ以下ならば評価C、として使用する。

編著者

松本正富（まつもと・まさとみ）
京都橘大学工学部建築デザイン学科教授、設計集団アルテラボ。1961 年大阪府
生まれ。2003 年千葉大学自然科学研究科博士課程修了。川崎医療福祉大学医
療福祉デザイン学科准教授を経て、2014 年より現職。

著者

政木哲也（まさき・てつや）
京都橘大学工学部建築デザイン学科専任講師。1982 年大阪府生まれ。2019 年
京都工芸繊維大学大学院工芸科学研究科造形科学専攻博士後期課程修了。株式
会社久米設計、株式会社メガを経て、2016 年より現職。

半海宏一（はんかい・こういち）
京都橘大学工学部建築デザイン学科専任講師、半海宏一建築設計事務所主宰。
1983 年京都府生まれ。2008 年京都造形芸術大学大学院芸術表現専攻修士課程
修了。横内敏人建築設計事務所を経て、2016 年より現職。

鰺坂誠之（あじさか・しげゆき）
大阪府立大学工業高等専門学校総合工学システム学科准教授。1975 年神奈川
県生まれ。2011 年工学院大学大学院工学研究科建築学専攻博士課程修了。株
式会社都市建築デザイン研究所にて設計業務に従事したのち、2012 年より現職。

建築デザイン製図

2018 年 11 月 10 日	第 1 版第 1 刷発行
2020 年 2 月 20 日	第 2 版第 1 刷発行
2021 年 3 月 20 日	第 3 版第 1 刷発行
2022 年 3 月 20 日	第 3 版第 2 刷発行

編著者 ……… 松本正富
著 者 ……… 政木哲也・半海宏一・鰺坂誠之
発行者 ……… 井口夏実
発行所 ……… 株式会社 学芸出版社
　　　　　　　京都市下京区木津屋橋通西洞院東入
　　　　　　　電話 075-343-0811 〒600-8216
　　　　　　　http: //www. gakugei-pub. jp/
　　　　　　　E-mail info@gakugei-pub. jp
装 丁 ……… 赤井佑輔（paragram）
印 刷 ……… イチダ写真製版
製 本 ……… 山崎紙工
編集協力 ……… 村角洋一デザイン事務所

参考文献

松本正富 著『わかりやすい インテリア 製図入門』オーム社 、2000
田山茂夫 著『建築立体図法』技術書院、1996
栗田佳代子・日本教育研究イノベーションセンター 著『インタラク
　　ティブ・ティーチング─アクティブ・ラーニングを促す授業づく
　　り』河合出版、2017

堀部安嗣　小さな五角形の家　全図面と設計の現場
堀部安嗣 著、柳沢究 構成
A4 変判・144 頁・3800 円＋税

的確な寸法とプロポーションから導かれるプランニングの完成度。大らかな屋根の過不足ない構造美。空間に調和する細部の
デザイン。建築家が"30 坪の住宅"に込める設計思想の全貌を、きっかけとなった建主の一言、エスキス、実施図、施工図、
構造家・造園家との協働、設備計画、施工現場と多様なプロセスから紐解く。

シェア空間の設計手法
猪熊純・成瀬友梨 責任編集
A4 判・128 頁・3200 円＋税

「シェア空間」を持つ 49 作品の図面集。住居やオフィス、公共建築等、全国の事例を立地別に分類、地域毎に異なるシェアの場
の個性や公共性を見出すことを試みた。単一用途より複合用途、ゾーニングより混在と可変、部屋と廊下で区切らない居場所の
連続による場の設計。人の多様な在り方とつながりを可能にする計画手法の提案。

サイト　建築の配置図集　SITES Architectural Workbook of Disposition
松岡聡・田村裕希 著
B5 変判・256 頁・3600 円＋税

80 余りの名作建築を広大な敷地周辺と共に、木の葉や屋根の表情まで微細に再現した図集。敷地周辺図に占める建物図の割合
を 0.1％から 50％へ徐々にズームアップし、地形図から詳細な間取りへと見せ所を変えながら、建物と敷地の関係を多様な広が
りで捉え直した。見方のヒントとなる課題を解きながら新たな発想を得るワークブック。

団地図解　地形・造成・ランドスケープ・住棟・間取りから読み解く設計思考
篠沢健太・吉永健一 著
B5 変判・140 頁・3600 円＋税

団地はどれも同じ…だなんて大間違い。地形を生かしたランドスケープ、コミュニティに配慮しつつ変化に富む住棟配置、快適
さを求め考案された間取りの数々。目を凝らせば、造成から植木一本まで連続した設計思考が行き届き、長い年月をかけ育まれ
た豊かな住空間に気づくはず。あなたも知らない団地の読み解き方、教えます。

図解住まいの寸法　暮らしから考える設計のポイント
堀野和人・黒田吏香 著、日本建築協会 企画
A5 判・200 頁・2600 円＋税

住宅の設計には、そこに住む人の暮らしをふまえた寸法への理解が欠かせない。本書では、玄関、階段、トイレ、洗面室など、
住まいの 13 の空間の持つ機能と要素を整理し、そこで行われる生活行為に支障のない、理に適った寸法をわかりやすい 2 色刷
イラストで紹介。寸法という数字の持つ意味を知ることで設計実務に活かせる一冊。

窓がわかる本　設計のアイデア 32
中山繁信・長沖充・杉本龍彦・片岡菜苗子 著
A5 判・160 頁・2200 円＋税

苦手とする設計者が多い開口部のデザイン。様々な条件を満たしつつデザイン性と機能性を両立させることは難しい。本書は、
その手ごわい窓の役割を見直し、空間を豊かにするための工夫をイラストで図解。ハイサイドライトやトップライト、半屋外空
間、間仕切りの活用、景色の取り込み方など、設計に活かせるアイデアが満載。

学芸出版社 ｜ Gakugei Shuppansha

📄 図書目録
📄 セミナー情報
📄 電子書籍
📄 おすすめの 1 冊
📄 メルマガ申込
　（新刊＆イベント案内）
📄 Twitter
📄 Facebook

建築・まちづくり・
コミュニティデザインの
ポータルサイト

🖱 WEB GAKUGEI
www.gakugei-pub.jp/